弁護士
転ばぬ先の経営失敗談

失敗事例研究会 代表
弁護士 北 周士
【編著】

第一法規

はしがき

『自分の事務所経営は失敗だらけなのに、他の先生方は事務所を経営していくうえで失敗をしていないのだろうか。』

　本書は、上記の疑問から誕生しました。今までの弁護士の失敗事例集というと、いわゆる「懲戒事例集」が存在するのみであり、他の弁護士の失敗については、いってしまえば極端な事例のみが参照できるにすぎませんでした。
　対して、懲戒に至らないような失敗談については、友人同士の話で少し出るくらいであり、あまり他人と共有されるということはなかったのではないかと思います。懲戒に至るような失敗談ではなくても失敗談である以上、他人に開陳するのは抵抗を覚えるものであることも影響しているでしょう。
　しかしながら、若手弁護士が今後事務所を開設し、経営していくうえで真に参考になるのは、懲戒に至るような事例ではないが開業前または開業当初は想定もしていなかった、思考から抜け落ちていたことが原因で発生する失敗なのではないかと思います。私自身、事務所を開業してからは、開業前には想定もしていなかったような失敗を繰り返しています。
　そして、上記のように懲戒に至らなかった失敗事例については、従前においては弁護士間における共有がなされていなかったことから、複数の事務所において同じような失敗事例が発生しているのではないかと考えました。
　そこで、若手弁護士を中心として、自らが事務所を経営していくうえで体験した失敗事例を集積した失敗事例集を作成しようと考えました。本書に掲載されている事例はすべて実際に執筆者の先生方が体験した失敗事例であり、それらの事例を参考にすることで、今後自分の法律事務所を開業し、または現在開業している若手弁護士が、同じような失敗を避けることができるのではないかと思っています。

また、失敗事例集という構成は、単純に、企画者である私自身が読んでみたい本でもありました。私は、以前にも若手弁護士の開業事例を集積した『弁護士　独立のすすめ』（第一法規、2013年）という書籍を企画・編集しておりますが、同書籍を企画した動機も、自分自身が開業直後であり同程度のキャリアで開業した人の開業スタイルを見てみたいというものでした。開業から約4年が経過し、私自身の興味が、開業そのものから開業後の経営に移ってきたことの表れでもあるかと思います。

　本書の内容としては、40に及ぶ失敗事例を20名以上の弁護士から集積し掲載しています。失敗事例集という関係上、ご協力くださった弁護士を特定するような情報を掲載することはできませんでしたが、若手を中心としているものの、年齢的にも事務所の規模的にも開業場所的にもバラエティに富んだメンバーから事例を集積できたのではないかと自負しています。
　また、どの先生も、自らの失敗談を公表するという気が進まないであろう依頼であったにもかかわらず、他の弁護士の参考になるのであればということで快く事例を提供してくださり、感謝しています。
　なお、失敗事例の分類にあたり、全く内容が同じような事例につきましては掲載に際し調整をしています。
　本書では、各弁護士から集積した失敗事例を、事務所内の人（事務職員・弁護士等）に関する失敗、仕事（依頼者との関係）における失敗、お金に関する失敗、物件に関する失敗に分けて掲載しました。このような分類にした理由としては、事務所を経営していくうえで発生する問題のほとんどは、人・物・金・仕事のどれかを原因とするものであるからではないかと考えたためで、その分類は外れてはいなかったと考えています。
　また、全国各地から事例を集積したにもかかわらず、場所を問わず同じような内容の失敗事例の報告がありました。開業の場所や事務所の規模は違えど、複数の事務所から共通する失敗事例が寄せられるということから、やは

り情報の共有がなされておらず対策がとられていないため、複数の事務所において同じような問題が発生しているのだと思われます。

　本書を企画・出版するにあたり、第一法規株式会社の三ツ矢沙織氏には多大なるご尽力をいただきました。締切りをオーバーしても原稿の提出がなされないことがあったにもかかわらず本書が日の目を見ることができたのも、三ツ矢氏のご尽力のたまものです。この場を借りて厚く御礼申し上げます。

　最後に、法律事務所を経営していくうえで全く失敗をしないということは困難であり、ほとんどの弁護士は事務所を経営していく中で何らかの失敗をすることになると思います。
　その中で、本書が、これから事務所を経営する、または現在事務所を経営している弁護士の皆さんが無駄な失敗を避けることができるための一助となれば幸いです。

　平成27年1月吉日

失敗事例研究会　代表
弁護士　北　周士

●弁護士　転ばぬ先の経営失敗談／もくじ

はしがき

I 事務所内での失敗談

1 事務職員の採用でやってしまった ……………………… 010
- ケース① 事務職員は急いで採用しない ………………… 010
- ケース② 知り合いでも簡単に採用しない ……………… 014
- ケース③ 面接だけで採用しない ………………………… 016
- ケース④ 仕事経験を重視する …………………………… 018
- ケース⑤ 前職の退職理由などを確認する ……………… 022
- まとめ …………………………………………………………… 024

2 仕事分担・引継ぎでやってしまった ………………… 026
- ケース⑥ 十分な引継ぎを事前に行う …………………… 026
- ケース⑦ 事務所全体で事件の進行を把握する ………… 031
- ケース⑧ 共同事件の記録の管理方法はあらかじめ決めておく …… 033
- ケース⑨ 事務職員への指示は気持ちを考えて ………… 035
- ケース⑩ 事務処理まで1人でやろうとしない ………… 038
- まとめ …………………………………………………………… 041

3 そのほか ………………………………………………………… 047
- ケース⑪ イソ弁の採用に気を付ける …………………… 047
- ケース⑫ イソ弁・事務職員はできなくて当たり前 …… 049

ケース13 共同経営型事務所の難しいところ、よいところ……………052
まとめ ……………………………………………………………056

Ⅱ 業務上の失敗談

1 依頼者にだまされかけた ……………………………………060

ケース14 事案をきちんと確認してから受任する …………………060
ケース15 「何か変だ」と思ったら受任しない ………………………062
ケース16 知り合いの紹介でも気を付ける ……………………………064
ケース17 企業全体の状況に目を配る …………………………………070
まとめ ……………………………………………………………072

2 報酬を取り損ねた ………………………………………………075

ケース18 事案の進捗はこまめに伝える ………………………………075
ケース19 「出たとき払い」で仕事を受けない ………………………077
ケース20 甘い顔をしすぎない …………………………………………079
ケース21 事務職員の安全を確保する …………………………………081
まとめ ……………………………………………………………083

3 ミスをしてしまった …………………………………………086

ケース22 ミスは隠さず、直ちに適切な対処をする …………………086
ケース23 第1審で勝訴しても気を抜かない …………………………090
ケース24 スケジュールはきちんと管理する …………………………092
ケース25 保釈金の返金日を把握する …………………………………094
まとめ ……………………………………………………………096

4　依頼者との信頼関係を損ねた ･････････････････････････････ 099
　ケース26　訴訟とはいかなるものかの理解を得られるか ･･････････ 099
　ケース27　依頼者との恋愛トラブルにならないために ･････････････ 101
　まとめ ･･ 103

Ⅲ 経営上の失敗談

1　仕事はあるのにお金がない ･････････････････････････････････ 108
　ケース28　報酬基準等を再検討する ･･････････････････････････ 108
　ケース29　ノキ弁時代とは仕事のスタイルを変える ･･･････････････ 111
　まとめ ･･ 114

2　無駄なコストを使ってしまった ･･････････････････････････････ 117
　ケース30　開業当初は経費を抑える ･･････････････････････････ 117
　ケース31　預り金の管理方法はあらかじめ決める ･･････････････ 119
　ケース32　無駄なものは購入しない ･･････････････････････････ 121
　まとめ ･･ 122

3　仕事集めでやってしまった ･････････････････････････････････ 124
　ケース33　仕事のルートを「紹介」に変える ･･････････････････････ 124

Ⅳ 開業時の失敗談

1 インフラ関係での失敗 …………………………………… 130

- ケース34 物件は詳細を確認してから決める ……………………… 130
- ケース35 必要なインフラは事前に把握する ………………………… 132
- ケース36 開業までにインフラ等の準備を間に合わせる ……………… 134
- ケース37 内装に必要以上の経費をかけない ………………………… 139
- まとめ ………………………………………………………………… 142

2 そのほか …………………………………………………… 145

- ケース38 開業する土地について十分にリサーチする ……………… 145
- ケース39 弁護士会の登録換えは時期に気を付ける ………………… 147
- ケース40 事務所の成立年月日は月初めにする ……………………… 149
- まとめ ………………………………………………………………… 150

装　丁　　　篠　隆二
本文デザイン　株式会社ベネット

Ⅰ
事務所内での失敗談

1 事務職員の採用でやってしまった

【ケース1】
事務職員は急いで採用しない

Profile
- 男性／開業6年目
- 地域タイプ：密集地（地方都市）

1. 事務職員を急いで採用

　登録5年目の頃、受任事件急増と事務職員の退職が重なり、新しい事務職員を急きょ採用しました。当時の事務職員は4人で、退職により3人に減少したため1人を補充した形です。ちょうど年末の時期でした。

　従来と同じように、ハローワーク、新聞広告と地元大学の就職案内に求人を出したところ、大学から4年生の女性Aの応募がありました。

　事務所としては、急いで採用したかったこともあり、10人ほどの書類応募者の中から3人ほどに絞って面接し、そのAを採用しました。人当たりはよく、接客業のアルバイト経験などが生きているのだろうと考えました。

　仕事のスピードは遅いのですが、慎重にやっているのだと善解して様子を見ているうちに、試用期間は終了しました。

2. 仕事を増やしてみたところ…

　仕事を増やすとミスが増えていきました。社会経験のなさがかいま見える

Ⅰ 事務所内での失敗談

ことが多くなりました。電話応対が上手にならず、Aが電話をとらなくて済むよう他の職員が率先して受話器をとるようになりました。

そうすると、徐々に職員間の雰囲気が悪化していきました。Aだけが難しい仕事をせずに済み、楽をしているように見えるのです。しわ寄せは他の職員にいき、皆が忙しくなりました。Aも仕事のスピードが遅いので、残業が多くなっていきました。

最も職員経験の長い事務局長が、Aに対して根気よく指導をしていましたが、なかなか改善せず、他の職員をなだめるために板挟みになっていきました。

そのような状況が1年以上続き、事務分担の変更やイベント等を通じた関係改善を図ってきましたが、あるとき限界が訪れました。事務局長が私に対して、Aを有期雇用に切り替える（他の職員との賃金格差をつける）ことを提案してきました。当然、能力不足だけを理由に実質解雇となるようなことをすることはできません。しかし、私からAに対して話す機会を設けて、任意に有期雇用に切り替えて少し業務を軽減し、気楽に勤務できるようにしてはどうか、ともちかけました。

Aはこれをいったん了承しました。

3．紺屋の白袴――労働紛争への発展

ところが、数日後、Aは一転して、「事務局長からパワハラを受けた」「有期雇用への転換を強要された」と主張し始めました。また、残業手当の未払いがあると主張してきました。当事務所では残業手当を支給していましたが、事務局長が他の職員の手前、Aには所内に残っていた時間の一部についての残業の申告を許していませんでした。

典型的な労働紛争です。まさに紺屋の白袴であり、情けない気分になりました。労働審判を起こされることも覚悟せざるを得ませんでした。他の弁護

士に相談するかどうか迷いました。

　パワハラや有期雇用転換強要などは、否定しきれる自信がありましたが、残業手当については所内に残っていたことがタイムカードから明白であったので、その点でも不安がありました。足下に紛争を抱えていると、一般業務への集中力がこれほどまでに損なわれるのかと驚きました。

　Aは他の職員のいるところで私に苦情を言うようになり、関係修復は不可能と思われたので、退職による解決以外には考えられなくなりました。

　結局、Aの親まで巻き込んだ話し合いの末、タイムカードから単純計算した残業手当の不足分を支払い、事務局長からはわびを述べ、Aは退職しました。裁判沙汰になることは避けられました。

4．教　訓

① 採用は慎重に時間をかけて行うべきです。この一件以降、最低でも3か月は募集期間を設けて、一点でも心に引っかかりがあれば採用しないことにしています。
② 新卒を採用すると社会人教育まで必要となります。これは小規模事務所には重荷です。この一件以降、新卒採用をしていません。中途採用に限っており、しかも、これまでの職歴を見て組織的な社会人教育を受けているだろうと思われる場合に限り採用しています。もちろん、そのような勤務先を退職する（した）理由も重要です。
③ 事務職員のリーダーにも採用手続き・判断に関与してもらうべきです。最もコミュニケーションをとるのは他の職員です。協調性がなければどんなに優秀な職員でも能力を発揮できません。小規模事務所はチームワークが重要です。職員間の人間関係には常時細心の注意を払い、情報収集を怠らないことが重要です。
④ トラブルを抱えたときには外部に相談するべきです。自分で悩みを抱え

Ⅰ　事務所内での失敗談

続けるべきではありません。恥ずかしがる必要はありません。いつも弁護士として依頼者にはそのようにアドバイスしているはずです。
⑤　最後は金銭が解決してくれます。すなわち、解決ができるだけの金銭の余裕をもっておくべきです。

1 事務職員の採用でやってしまった

【ケース❷】
知り合いでも簡単に採用しない

Profile
- 女性／登録9年目
- 地域タイプ：過疎地
- 弁護士数2人、事務職員数2人

1．昔からの知り合いを採用

　金銭管理を担当する事務職員を雇うにあたり、昔からの知り合いを信頼できると考えて雇うことにしました。その際、履歴書のチェックや面接等は行いませんでした。

2．法律事務をさせてみたところ…

　金銭管理には問題はありませんでしたが、法律事務は事件ごとに手順が異なること等にストレスがたまったようで、あるときから、弁護士に何度もわめき散らす、依頼者の前でも不満顔を隠せなくなるといった行動をとるようになりました。結果として、コミュニケーションが全くとれなくなり、業務に支障が生じました。

3. 教　訓

　失敗の原因としては、まず、知り合いだということで就職試験という採用作業の基本を怠ったことです。履歴書のチェックおよび面接による転職の理由の確認、試験実施による事務処理能力およびコミュニケーション能力のチェックを省略すべきではありませんでした。
　また、法律事務は事件ごとに手順が多少異なるので、新しい案件がくるたびに手順の確認が必要であり、それにストレスを感じる人には向いていないということを採用面接のときから説明をしておくべきだと思います。

1 事務職員の採用でやってしまった

【ケース3】
面接だけで採用しない

Profile
- 女性／登録9年目
- 地域タイプ：過疎地
- 弁護士数2人、事務職員数2人

1. 派遣業者からの紹介で採用

　派遣業者から派遣される事務職員は事務処理のレベルが高いということで、紹介予定派遣をお願いし、数人の候補者の中から履歴書をチェックしたうえで、面接により1人を選びました。

2. 業務をさせてみたところ…

　しかし、雇ってみると、わからないことを素直にわからないとは言わずに勝手に判断して仕事を進める、電話の受け答えの言葉遣いがぞんざいで依頼者対応をすぐに任せられない、同僚からの指導をメモもとらずに聞き流す、パソコンソフトを使用できるという言葉とは裏腹に検索機能すら使いこなせない、などの面が見受けられて、派遣契約を中途で打ち切りました。

3. 教　訓

　失敗の原因は、履歴書を見ただけの面接では事務処理能力およびコミュニケーション能力を全く確認できないことがわかっていなかったことです。

　現在は、履歴書チェックによる書類選考を経て、面接時に電話応対能力を模擬電話試験で確認し、書類作成能力・パソコンソフト使用能力および同僚とのコミュニケーション能力を書面作成試験で確認したうえで採用するようにしており、その方法に変えてからは事務職員の能力で悩まされることはなくなりました。

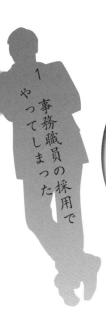

1 事務職員の採用でやってしまった

【ケース4】
仕事経験を重視する

Profile
- 男性／開業4年目
- 地域タイプ：過疎地
- 弁護士数1人、
  事務職員数1人

1．開業時の事務職員採用

　私は、ある年の4月1日から、それまで勤務してきた東京の事務所を離れ、実家のある県に事務所を開業することとしましたが、その際、今後仕事をサポートしてもらう事務職員の採用も同時に行いました。

　開業時は人件費を惜しんで事務職員を採用しない人やコールセンターのようなものを利用する人もいるそうですが、とりあえず1年間は無収入でも人件費くらいは払えるだけの貯蓄をしていたのと、弁護士の業務の幅は、事務職員の能力で大きく変わると考えていたため、事務職員を採用することとしました。

　そのため、開業の3か月前からハローワークに事務職員採用の話をし、書類選考と面接を実施し、事務職員を1人採用することにしました。

　ちなみに、その当時の採用条件は、時給制、かつ時給は地域での最低賃金に近い金額で、雇用期間を1年とし、勤務時間は月曜日から金曜日までの午前9時30分から午後4時30分まで、経験不問、文書作成・表計算ソフトが使用できるのであれば年齢・性別は問わないという内容でした。

Ⅰ　事務所内での失敗談

　私としては、それまで勤めてきた事務所とは全く異なる地での開業であったため、開業当初はさほど依頼がなく事務職員の仕事もしばらくないことから、最低限のパソコン作業さえできる人なら、その他の必要なノウハウは時間をかけて指導すればよいと考えていたので、前記のような条件としたのです。

2. 予想以上に集まらない

　ハローワークへ募集の相談に行った際には、担当者から「採用条件が悪くても事務職員の募集はすぐに人が集まる」と言われたのですが、実際には、採用条件が悪すぎるのか、地域的に弁護士事務所の事務職員というのがどんな仕事なのかわからなかったのか、とにかく採用希望者が集まりませんでした。

　しかも、その少ない希望者のほとんどが、「文書作成・表計算ソフトが使える」と言いながら、実際に面接時にパソコンで文書をつくらせると、全くと言ってよいほど文書がつくれず、多くの人が指先1本で一生懸命キーボードをたたく状態で、これではとてもではないけれど弁護士事務所における事務職は務まらないと思える人ばかりでした。

3. 結果的に仕事経験のない人を採用

　そんな中、人並みにパソコンで文書を作成できる人が現れたのですが、その人は19歳の女性でした。

　私としては、未成年ということもあり少々若すぎることが気がかりでしたが、一から教えることで吸収力があると考えたことや、他に文書作成ソフトが普通に使えそうな採用希望者も現れなかったため、その女性を採用することとしました。

採用した女性には、採用前に、しばらく仕事はないこと、仕事上の仲間はおらず、弁護士と事務職員1人だけであること、採用条件は基本的には1年間の雇用期間終了の後、再雇用の可否と同時に業務の状況を見て検討するとの説明をしました。

4．業務を開始してみたところ

　その後、予定どおり4月から業務を開始し、採用した事務職員にも予定どおり勤務してもらいましたが、当初は開業したばかりで挨拶状づくりや事務所の整理、その他、委任契約書のひな形の作成などをするだけで、事件らしい事件はほとんどありませんでした。

　そのため、事務職員には開業当初は事務所の整理などで慌ただしく動いてもらっていましたが、次第に具体的な業務がなくなっていき、1日何もない日も多くなっていきました。

　そこで、私としてはこの期間を教育期間と考え『法律事務職員実務講座』（一般社団法人法律事務職員全国研修センター）を使って、毎日覚えてもらいたい部分を指定して、該当箇所を勉強してもらうなどしていきました。

　その後、5月、6月と徐々に相談が入るようになり、それなりに事務職員にも仕事を手伝ってもらうことが出てきましたが、それでも暇な時間が多くありました。

　私としては、採用時に事前に説明していたこともあり、このような状況については事務職員も理解しているだろうと思っていましたが、常に無表情で、楽しんでいる様子が見られないのは気になっていました。

5．突然の辞職願

　そんなこんなで開業から5か月が経過し、9月に入ったある日、いつもど

Ⅰ 事務所内での失敗談

おり事務所を開ける準備をしていると、突然私の携帯に事務職員からの「今日で辞めます」という一方的なメールが入ってきました。

私は「なんじゃこりゃ！」と思いましたが、とにかくこれではどうしようもないと思い、本人に事情を説明しに事務所に来るように言うと、午後には事務所に来ました。

事情を説明してもらうと、要は仕事内容に対する不満というよりも、他に仕事仲間もいない職場ではやっていられないということでしたが、私としては「そんなこと最初に説明したのに…」という気持ちでした。

ただ、辞めたいという人をあえて引き留めるつもりもなく、その場で社会人としてメールで辞表を出すのは失礼であることと、きちんと書面で退職願を書くよう指導し、退職願を受け取って退職扱いとしました。

6. 教　訓

事務職員が退職を願い出た頃には、徐々に仕事が増え始めていたこともあり、事務職員の確保は必須でした。そのため、すぐにハローワークに募集を再び出し、採用希望者を募りましたが、そこから11月までは結局事務職員なしで種々の業務をこなす羽目になりました。

基本的に社会人経験のない人を雇うということは、仕事に対する責任感に乏しい人もいるということで、採用時にはもう少し仕事経験などを重視する必要があることを今回のことでよく学びました。

【ケース5】
前職の退職理由などを確認する

Profile
- 男性／開業4年程度
- 地域タイプ：過疎地
- 弁護士数1人、事務職員数2人

1. 事務職員の産休に伴う代替要員の確保

　地方において弁護士1人・事務職員2人（女性）にて事務所経営を行っています。取扱事件はさまざまです。

　事務職員の1人が妊娠していることがわかり、産休を取得するにあたって、彼女の受け持っていた事件等の割振りをどうするかが問題となりました。

　早急に事務職員の代替要員を確保するにしても、地方の過疎地であるため新規に法律事務所勤務経験のある事務職員を採用することは難しく、産休までの短い時間の中では、いったん残りの事務職員1人に業務のすべてを集中させるしかないと判断しました。並行して新規事務職員の募集を行い、7人の応募があった中で、書類選考と面接を経て、長期間勤務していた前職の事務経験が豊富であり、面接の際も適切に応答していた1人を採用しました。

2. 業務をさせてみたところ…

　その後、新規に採用した事務職員について、特に勤務態度に問題はありま

Ⅰ　事務所内での失敗談

せんでしたが、来客対応の際に特定の来客に対して自分の顔を見られるのが嫌な素振りを見せたりしたうえ、自ら前職の退職理由について、前職で勤務していた際の個人情報を持ち出して口にするなどしていたことが耳に入ったため、即刻、本人と面談をしました。

　面談では、採用面接の際に言及していなかった前職の退職理由を詳細に追及し、一部に履歴の詐称もあったことが判明したため、即日退職することで合意し、合意書を作成しました（試用期間中でした）。なお、退職理由は事務所都合とし、解雇予告手当の支払いは行いました。

3. 教　訓

　産休に伴う代替要員の確保の中で早期に事務職員を確保しようとして、多少の焦りがあったため、面接の際に、長期に勤務していた前職の退職理由とともに、前職の退職からしばらく時間があいている中で事務職員として応募してきた理由について詳細に確認しなかったのが原因であると分析できます。

　仕事は一定程度できたものの、個人情報の兼ね合いから狭い地域性も相乗して事務所の信用問題に発展するとも考え、試用期間中でもあったことから、やむを得ずその事務職員を退職させるに至りました。新規事務職員の募集と採用について勉強となったケースでした。

まとめ

　法律事務所において業務を行うにあたり、事務職員はともすれば勤務弁護士以上に重要な要素となることから、事務職員の採用について問題となったという事例は多いようです。本節で紹介した事例については、【ケース1】は事務職員に期待した能力がなく、他の職員との間でトラブルになった事例、【ケース2】と【ケース3】は採用にあたって選考が不足した事例、【ケース4】は社会人経験を欠く人員を採用した結果、突然退職されてしまった事例、【ケース5】は採用時の聞き取りが不足した事例です。

　この点、裁判所事務官・書記官や検察事務官が試験に合格しており、ある程度の能力値の担保があるのに対し、法律事務所の事務職員については何らの能力的な担保もなく、事務所を経営する弁護士の主観で採用されることに加え、弁護士自身に採用のノウハウがないことが多いことから、トラブルが起きやすいといえます。加えて、法律事務所において事務職員が果たす役割は大きく、事務職員のトラブルが法律事務所の経営に与える影響はきわめて大きいでしょう。

　このような観点から、本節の事例を見ると、雇用トラブルの原因としては「十分に審査せず採用してしまった」ということに尽きるように思われます。問題となった事例を見るに、問題点となったのは能力や人格、履歴の詐称等さまざまですが、原因として一様に挙げているのは「慎重に採用をすべきであった」との事実ですし、おそらく原因としてはそれに尽きるでしょう。

　法律事務所は小規模な団体であり、人員の採用も直前までしない傾向があるため、必要にかられてからの採用ではどうしても時間的な余裕がなく、急いでの採用になりがちです。しかしながら、小規

I 事務所内での失敗談

模であるからこそ1人の人員が事務所の経営に与える影響は大きく、採用する側としては、①余裕をもって採用をするとともに、②採用をする際の基準をあらかじめ定めておく必要があるでしょう。

まず、①については、事務職員が急に体調を崩す、突然退職をする等の事態も想定し、余裕をもった人員配置を心がけるべきでしょう。とはいうものの、小規模な事務所においては余剰人員を抱えることは困難であることから、正社員は無理であってもアルバイトを採用する、事務職員が一時的に欠けた場合のヘルプをあらかじめ準備しておくといった方法が考えられるでしょう。

一方で、②については、能力的な面と人格的な面の両方について審査基準を設けておくべきであると思われます。

能力的な面においては、どのような仕事を依頼するかによって異なるものの、電話対応のスキルおよび文書作成・表計算ソフトを含めたパソコンを利用するスキルは試験を課すなどして最低限確認しておくべきではないかと思います。

また、人格的な面については、やはり事務所によって考え方が異なると思いますが、特に小規模事務所では人間関係がきわめて重要ですので、例えば採用に際し、既存の事務所弁護士および職員のうちの誰か1人でも難色を示した場合には採用をしない等の方法が考えられます（規模が大きくなると難しくなるでしょうが…）。加えて、採用後も試用期間を設けることにより、事務所での継続的な勤務が可能かどうかを判断するべきでしょう。

総じて、事務職員とのトラブルを避けるためには、採用段階においてしっかりと選考をすることが重要でしょう。

2 仕事分担・引継ぎでやってしまった

【ケース6】
十分な引継ぎを事前に行う

Profile
- 男性／開業2年目
- 地域タイプ：密集地
- 弁護士数1人、事務職員数2人

　若干特殊な事情に基づく失敗の経験を紹介します。事情が特殊である一方、いわゆる報告・連絡・相談といった、コミュニケーションを怠らなければ防げたものであったとも思っています。どのような失敗も、2人以上がかかわるものについては、この結論に行きつくのかもしれません。

1. 事務所を引き継ぐことになった

　私は、前事務所のイソ弁から独立する際、現事務所を経営していた弁護士から事務所の施設設備や事務職員等を引き継ぐという条件で、まず現事務所の共同経営弁護士として移籍しました。その後、若干の移行期間を経て、前任の弁護士が引退し、私の1人事務所に完全移行しました。これが、冒頭で述べた「特殊な事情」です。このような形態の独立や即独は異例ではありますが、今後多くなるのではないかと思っています。

　なお、このような事務所引継方式においては、以下に紹介する事件における失敗のほか、事務所のマネジメント分野における引継ぎの問題・失敗も生じるものと思われます。ただ、これらは、税務署、社会保険事務所、ハローワー

I 事務所内での失敗談

ク、労働基準監督署等の関係諸機関や、事務所物件やリース物件等の貸主らとあらかじめよく相談すれば、スムーズに引継ぎが可能と思われるので、そのようにされた方がよいでしょう（以下の失敗事例と同様、この分野も最終的にはコミュニケーション怠るべからずという結論に収れんします。ありきたりではありますが…）。

2．事件引継ぎの失敗〜ある調停事件の話〜

（1）引継方針と失敗のもと

共同経営の期間中、私と前任の弁護士は、基本的に以下の方針で事件を担当しました。

① それぞれの既存の事件（私は前事務所勤務中も個人受任が認められていたため、若干数の手持ち事件がありました）は各自で行う。
② 前任の弁護士がとってきた事件は共同受任する。
③ 私がとってきた事件は私が担当する。

ここで問題になる事件は、①のカテゴリーです。①のうち、前任の弁護士の手持ち事件は、引退までにすべて終わらせるという予定であり、つまり、これらについては引継ぎの必要がないはずでした。しかし、当然ですが、われわれの思い描いたとおりのスケジュールで事件が終わるとは限りません。結局、前任の弁護士の単独担当であった数件の事件を、私が引き継ぐことになりました。②のカテゴリーの事件は、実際には私も担当しており、事件について十分理解していたため、前任の弁護士は引退にあわせて辞任し、形式・実質いずれにしても私の単独の担当とすることで事足りました。しかし、①のうち、前任の弁護士の単独担当分は、私が全く関与していなかったため、一から前任の弁護士に説明をしてもらい引き継いでおく必要がありました。ところが実際は、これらについても現時点での問題のみ説明を受けました。これが失敗のもとでした。

(2) 思考過程も引き継げば…

　前任の弁護士の引退後、引継事件の１つの遺産分割調停で、依頼者から「複数の計算方法のうち、前任の先生がとった方法では依頼者側に不利になるのではないか。どうして前任の先生はこの計算方法をとったのか」との指摘を受けました。当該計算方法をとることについては、前任の弁護士と依頼者とで十分な打合せを行った結果だと思っていましたが、依頼者はこの点については十分に説明を受けておらず、その計算方法に至った思考過程も理解できないと言います。私も、前述のような引継方法だったことから、前任の弁護士の思考過程を十分理解しておらず、説明に窮してしまいました。そこで私は、前任の弁護士に連絡をとり、どうしてこちらの計算方法をとったのかという思考過程をあらためて聞き出して理解し、これを依頼者に説明することとなりました。

　引継ぎの段階で、受任の経緯、従前の調停の経過、現時点で問題となっていること、これらに対して前任者がその時々において下した結論、およびその思考過程についてすべて細かく説明を受けていれば、問い合わせの際にもすぐに回答することができたはずでした。

(3) 蒸し返し？

　当方（前任の弁護士および私）の思考過程を説明したうえで、あらためて方針を打ち合わせ、この調停の次回期日に臨みました。上記の計算方法については、依頼者に有利になると思われる計算方法を提案し直すこととして依頼者の納得を得ることができました。万全を期した…つもりになっていました。

　ところが、全く万全ではありませんでした。私が依頼者と相談したうえで決めた方針は、前任の弁護士のみが代理人として出席していた前々回の期日までにおいてすでに決まっていたいくつかの話の前提を、全く覆してしまうものだったのです。前述の計算方法もその１つで、調停委員は、かなり前か

Ⅰ 事務所内での失敗談

ら計算方法については両当事者間で合意しているのに、それを今さらご破算にするつもりかと、蒸し返しととられかねない私の提案にひどく不信感を抱いたようでした。おそらく相手当事者および代理人もそうだったでしょう。

やはり、現時点での問題についてのみ引き継いだことに問題があったのであって、従前の期日の経過についても十分に引継ぎを行うべきだったのです。十分な引継ぎを行っていれば、このような蒸し返し的な行動をとることはなかったでしょう。それに、そもそも、依頼者からの問い合わせが来た際に、どの段階で1つの結論が出たのか、それを前任の弁護士がどの段階で説明したか、等々を説明することができた、つまり、依頼者との打合せで決まった方針である旨を説明できたはずです。

ちなみにこの調停では、ここでご破算にすることによって、依頼者の最も実現したい事項（ある不動産の単独所有）が実現しなくなる（共有となる）という不利益が大きすぎ、これを依頼者にも理解してもらうことで、計算方法では依頼者が譲歩する方向で解決することとなりました。

3. 教 訓

引継案件では、案外、現在地のみでのリレーを行うことに汲々としがちな気がします。現在地から見れば、事件のスタートから現在地までは一本道に見えますが、スタート側から見れば、その時々に、いくつかの道（選択肢）があり、その中からある道を選びながら、すなわち、別の道を捨てたうえで進んでいます。どこでどのような道が出てきたか、そして現在地へつながる道を選んだ理由は、といったことは、現に歩いてきた者だけが、つまり依頼者側の人間では前任者と依頼者のみが知ることです。引き継ぐ側としては、現在地から見える一本道のみならず、現在地からは見えないが途中に存在した選択肢についても、それがあったこと、それを選ばなかったこと、そして選ばなかった理由をも、前任者から十分な説明を受け、依頼者から求められれ

ばその説明で即応する必要があります。これが本当の意味での引継ぎでしょう。

　私の場合は幸いなことに、前任者が健在であるため、引き継いだ後でも前任者に連絡をとって確認することが可能で、これによってリカバリーすることができました。可能であれば、前任者とコミュニケーションをとって、引継ぎを受けることを躊躇すべきではありません。しかし、前任者が引退する前に十分な引継ぎを行っておくことが必須であったなと考えさせられた出来事でした。

I 事務所内での失敗談

2 仕事分担・引継ぎでやってしまった

【ケース7】
事務所全体で事件の進行を把握する

Profile
・男性／登録13年目
・地域タイプ：密集地
・弁護士数2人

1．自分の業務は自分で全部処理したいボス弁

　独立前にイソ弁として勤務していた事務所のボス弁は、自分個人で受けた事件は基本的にイソ弁にも振らずに自分でなんとしても処理したいというタイプでした。事件のスタート時期のタイミングがよければ、イソ弁である私も一緒に入って共同で仕事をすることは多く、そうして業務を行っていました。

　ただ、私がその事務所に入る前にすでにスタートしていた事件の内容は全くわからず、また、ボス弁個人で電話に出て、その情報を共有しないため、どの依頼者からどういった連絡があったかわからない状態で不安でした。

2．依頼者からのクレーム

　当然のことながら不安は的中し、依頼者からのクレームが続けてありました。

　1人の依頼者は進行の遅さに怒り、事務所に怒鳴り込み、記録を引き上げ

ていきました。

　1人の依頼者からは何度も連絡があり、かなり長時間のクレームの電話もありました。やむを得ず他の弁護士に依頼することとなりましたが、記録を返却するときにも一悶着ありました。

　さらに、1人の依頼者からは懲戒請求を申し立てられてしまいました。その事案については、必ずしも弁護士に責任があるとは思えませんでしたが、結果として、ボス弁のみならず、事務所に所属していた私も巻き込まれました。幸い、事件の内容を全く知らなかった私の手続きはすぐに終了しましたが、ボス弁の手続きはそのまま続きました。ボス弁は、他の弁護士に代理を依頼するでもなく、期限を過ぎても書面を提出しなかったので、懲戒となりました。

3. 教　訓

　ボス弁の「1人で事件をやりたい」という意識の強さや、自宅でも相談を受けてしまうことによって事務所として事件の進行を把握できなかったことが、失敗の大きな原因だと考えます。

I 事務所内での失敗談

2 仕事分担・引継ぎでやってしまった

【ケース8】
共同事件の記録の管理方法はあらかじめ決めておく

Profile
- 男性／開業1年目
- 地方都市中心部
- 弁護士数5人

1. 独立時の共同事件

　独立前にいた事務所では、主に自分個人で受任した事件（いわゆる個人事件）を持っていたので、引継ぎはほとんどありませんでした。

　ただ、その事務所に所属する先生との共同事件を何件か担当しており、それらに関しても記録の管理方法等は特に決めず、独立してしまいました。

2. 記録を持って行き来することに…

　どの記録をどちらの弁護士が所持するか、データをどうするかということを決めていなかったため、前の事務所から記録を持ってきてもらったり、こちらから前の事務所に記録を持っていったりする手間がかかってしまいました。

3. 教　訓

　前の事務所との共同事件は、記録・データについて、保管場所等の管理方法をあらかじめ明確に決めておくことが必要です。

Ⅰ 事務所内での失敗談

2 仕事分担・引継ぎでやってしまった

【ケース9】
事務職員への指示は気持ちを考えて

Profile
- 男性／開業3年目
- 地域タイプ：密集地
- 家族的事務所

1．1人の事務職員に仕事が集中

　当事務所には、3人の女性事務職員がいます。必ずしも仕事の内容や量は一定せず、その場限りで内部調整しながら仕事を回してもらっていました。

　数件重い事案が重なり、事務職員の負担が増えたところ、事前調査をお願いした事務職員1人（事務職員A）に、これまで調査してもらった案件と登場人物が重複する等の継続性があり、再度事件の背景などを説明する必要がないため、仕事が集中してしまいました。他の2人は通常業務を行っており、それほど忙しくなく、むしろ余裕がある状況でした。

2．仕事の割振りを変更してみたところ…

　事務職員Aが自主的に残業をするようになったので、安全や健康面を考えて、いつもどおり定刻に帰るよう指導するとともに、一部の仕事の割振りを他の事務職員B、Cに変更しました。ところが、Aは、「一生懸命頑張っているにもかかわらず、能力がないととらえられた」と考えたため、BやCに仕

事をお願いすると、やや不機嫌になってしまいました。

そのうち、本来、BやCが担当すべき仕事をお願いする際も、BやCがAに配慮して緊張したムードが漂うようになりました。結果、もともと事務所の雰囲気を明るくしていたAが緊張することで、弁護士を含む事務所全体に余計な緊張が走るようになってしまいました。

私は、B、Cが不在の折、Aに対し「本当に忙しいときに申し訳ない」と謝罪するとともに、その仕事の一部を私が引き取ることを提案し、「あなたが手伝ってくれなければ、この仕事を受けることはおよそできなかった」とのAに対する正当な評価をことあるごとに伝えるようにしました。また、私が残業して、一区切りつくまで仕事を仕上げたところで、全員にケーキ等を購入して、事務所全体で歓談を数回行いました（あえて高級なレストランではなく、「ちょっとおいしそうだったから買ってきたので、食べませんか」といった気軽な機会を増やしました）。

上記の行為が功を奏したのか不明ですが、わだかまりは解けていきました。

その後は、A、B、Cに均等に仕事が振り分けられるように、ある程度仕事量が見えるまでは共同で仕事をするよう割振りし、内部で調整してもらっています。

3．教　訓

① 　人間は、楽であればよいというものではありません。事務職員が一生懸命やっていることを、部分的にせよ否定することになってはなりません。
② 　仕事は労働という側面とともに、その人の有能さの評価という側面があることを忘れてはなりません。忙しいときに、楽にしてあげようとする考え方は必ずしも正しくはありません。
③ 　弁護士と事務職員との関係と、年下の男性と年上の女性という関係は、微妙な関係にあります。年配の男性が言えば納得することであっても、人

Ⅰ 事務所内での失敗談

生経験が少ない年下の男性が言っては響かないことが多いでしょう。特に、女性事務職員同士の関係は、下手な介入をすると難しいことになります。あくまで事務職員を立てて、年長者として尊敬しつつ、私が全て決定するのではなく、当事者間で融通してもらった結果を報告してもらうことにしています。その際に、当事者間で協議した結果については尊重するとともに、その理由につき教えを請う立場を通しています。

④　私が男性のため、配慮に欠けていたところですが、男性と比べて女性の方が、同じ事務職員間で比較されたくない気持ちは強いかもしれません。解決にあたっては、当事者も理屈はわかっているので、理屈を押し通すことはかえって逆効果の可能性があります。むしろ、お菓子を配ること（私がお菓子を食べるのが好きなこともあります…）などで、満足感を得てもらう方がより効果的だと思っています。

2 仕事分担・引継ぎでやってしまった

【ケース⑩】事務処理まで１人でやろうとしない

Profile
・男性／開業１年目
・地方都市中心部
・弁護士数５人

１．開業にあたっての事務処理

　開業にあたっては、さまざまな事務処理が必要になります。私は、すべての決裁・判断を自分でやろうとしましたが、これは、日常業務との関係からいっても無理がありました。事務局と弁護士がきっちり打ち合わせて分担すればよかったなと今では思っています。

２．教　訓

　事務処理は、以下のように分類して整理することです。
(1)　弁護士しかできないこと・やらなければならないこと・やりたいこと
(2)　弁護士でなくてもできること・不知のこと（もっといえば、弁護士がやっても事務局がやっても結果に大差のないと思われるもの）
　そして、(1)は弁護士マターとして、(2)は事務局または外部マターとします。
　私は、開業準備時点で、それなりにToDoを整理していたつもりでしたが、それでも、どうしても弁護士に判断が求められてしまいます。

I 事務所内での失敗談

具体的に(1)、(2)を振り分けてみましょう。

(1) 弁護士しかできないこと・やらなければならないこと・やりたいこと

① 挨拶状の送付先決定

これは弁護士がやるしかありません。ただし、実際の送付業務は、事務局に一任すればよいでしょう。

② 新事務所のインテリア関係の打合せ

弁護士が「やりたいこと」の筆頭格ですが、いきおい、時間を取り過ぎてしまいます（時間を取り過ぎたことが私の「失敗」です）。時間を区切って、具体的にやるべきことを決めておきましょう。

(2) 弁護士でなくてもできること・不知のこと

① 税金・社会保険関係の引継ぎ

前事務所で行ってもらっていた税金・社会保険関係の事務については、特に年末調整や源泉の処理など、事務処理量の多いものが含まれます。

この引継ぎについては、独立前の適当な時期に、前事務所の担当事務職員も交えて、顧問税理士・社会保険労務士と新事務所の担当事務職員に打合せをさせておけば、スムーズに進むと思います。

② 備品のリストアップ

事務局の方が備品を使うので、事務局に一任するべきでしょう。

③ 各種契約

新事務所の立ち上げには、引越業者との契約・リース契約などさまざまな契約が生じます。この点、内装工事のほか、備品の購入その他を一括して引き受ける業者がありますが、それでも、契約関係などについては、最終的に

は弁護士に尋ねてきました。これをすべて弁護士が処理するのは大変です。

　弁護士としては、おおまかな方針決定の席にだけ立ち会い、後の打合せは担当事務職員と業者間で行わせ、方針変更の場合だけ担当事務職員と弁護士間で協議する形にするべきだと思います。

④　**弁護士会関係の届出（事務所変更、メールアドレスの変更、事務職員証の発行手続きなど）**

　これも、弁護士がわざわざする必要はなく、事務職員と弁護士会の間で足りることが多いでしょう。

　このようにして整理すると、必ずしも弁護士がやらなければいけないことというのは、案外多くないなと、後から思いました。

　弁護士の中には、全部自分でやらなければいけないと思っている人が多いのではないでしょうか。でも、それは日常の業務処理との関係では不可能に近く、なるべく事務局に任せられることは任せる（イソ弁がいればイソ弁にも任せる）ようにしないと、独立前後は業務処理だけでも混乱を来すので、パニックに陥ってしまうと思います。

I 事務所内での失敗談

　本節前半では、弁護士同士における事件の管理・引継ぎに関する失敗事例を紹介しています。【ケース6】は他の弁護士からの事件の引継ぎに関する事例、【ケース7】は自分自身が担当していない事務所の事件に関する事例、【ケース8】は共同事件の管理に関する事例となっています。

　弁護士は多数の事件を同時に管理するとともに、事務職員を管理していかなければなりません。加えて、イソ弁を採用した場合には、イソ弁に任せた事件の管理も必要になるうえ、自らがイソ弁である場合であっても、ボス弁の事件の進行状況によっては巻き込まれる場合があります。

　弁護士の仕事は事件の処理である以上、事件の管理について弁護士は細心の注意を払わなければなりません。

　まず、事件を担当している弁護士が自分1人の場合、事件数が少ない段階ならともかく、事件数が増えてきた場合には事件の管理が必須となります。『自由と正義』（日本弁護士連合会）の懲戒欄においても、事件の放置は（残念ながら）よく見かける類型の1つとなっており、事件を適切に管理する方法を習得することは、弁護士として継続的に活動していくためには必須です。

　管理の方法としては、リマインダを設けることが一般的ですが、完全に自己のみで管理すると結局着手しやすい事件から手をつけることになってしまい、事件の管理としては不十分でしょう。【ケース7】の懲戒に至っているような事案であっても、クライアントから事件の処理を督促されている以上、事件処理そのものを忘却していたという可能性は考え難いためです。

したがって、単独で事件を管理する場合であっても、事件の管理表を作成し、項目ごとにこまめな締切りを設け、加えて締切りの記載だけではなく作業時間そのものも予定の中に組み入れる等の工夫が必要でしょう。

　また、その際の締切りも、自分だけで管理するのではなく、事務局にリマインドを依頼する等の外部委託が効果的でしょう。個人的には、依頼者および相手方（または相手方代理人）に対し、どんな事件であっても必ず一定期間ごとに連絡するという状態にしておくのがよいと思います。こまめな報告は依頼者との信頼関係を構築しますし、こまめな相手方代理人との連絡は事件の早期解決に資することになります。なにより、依頼者や相手方代理人に対し「何の用事もないのに連絡しました」とは言いづらいので、連絡日を設定することによって、ある意味強制的な事件の進行が見込めると思われます。

　さて、自分1人で事件を数多く抱えた時点でも問題が起きやすくなるものですが、一番問題が起きやすいのは、人に仕事の一部を任せていた事件や、人から引き継いだ事件でしょう。事件の一部を人に任せていた場合や、人から引き継いだ事件については「思考の連続性」が保たれていないことが多く、なぜ現状こうなっているのかが記録からでは明らかでなかったり、記録に残っていない説明などがある場合も多く、記録を見ただけでは引き継げないものも多いでしょう。そうすると、どうしても依頼者との間でトラブルが生じうることになります。

　したがって、可能な限り事件の引継ぎをすることは避けるべきであるという結論になるのですが、種々の理由により引継ぎを行わざ

I 事務所内での失敗談

るを得ない事態も生じます。そのため、引継ぎを行う場合であっても、可能な限りスムーズに引継ぎを行うことが、自分の身を守るためにも、依頼者の利益を図るためにも必要となります。

　事件の引継ぎについて行われがちなことは、現在に至る経緯を簡単に説明したうえで、「現時点での争点」のみの説明をすることによって事件の引継ぎとすることです。確かに、従前の経緯と現在の争点を把握すれば、一応ある程度の事件対応は可能です。

　しかしながら、現在の争点のみの理解では、「それ以外の争点がなぜ発生していないのか」についての理解が不足する可能性があります。また、前任の弁護士と依頼者との間において、何が話し合われていて、何が話し合われていないのかについても後任の弁護士は認識できていないことが多いでしょう。

　よって、事件の引継ぎを受ける際には、現在の争点だけでなく、そこに至るまでの思考過程についても引継ぎが必要です。そのためには、後任の弁護士は単に事件の記録を受け取るだけではなく、事件の記録を読み込んだうえで、自分が最初から代理人であったらどのように弁護士として活動をしていくかを考え、自分自身が行う場合との齟齬が存在する場合には、なぜその齟齬が生じたのかについて前任の弁護士に対し、納得するまで確認するべきでしょう。

　そのため、事件の引継ぎにおいては、前任の弁護士との連絡をいかにとれる状況にしておくかということが重要になります。結局、引継ぎの時点で細かい部分をすべて引き継ぐことは不可能である以上、適宜前任の弁護士に対し、思考過程を確認する以外に方法はありません。

もっとも、事件を引き継いだ場合において、やむを得ない事由により、前任の弁護士と連絡がとれない場合もあるでしょう。その場合は、やはり、自分が新件として事件を受任した場合には、どのように事件を進行したであろうかを記録から丹念に考え、そのうえで齟齬の部分については依頼者に対し確認をする以外の方法はないと思われます。そのため、他人から引き継いだ事件については、他の事件と同様に、一から事件を担当するつもりで記録を読み込むことが必要でしょう。

　なお、自分が他人に対して事件を引き継ぐ場合には、自分が引き継がれることを想定して、思考過程の引継ぎができるように準備をしなければなりません。人に引き継ぐから丸投げというわけにはいかないのです。自分が人から引き継ぐときにやっておいてほしいことは、自分もやらなければなりません。

　最後に、【ケース7】にも記載されていますが、ボス弁が管理している事件のトラブルについてイソ弁が巻き込まれるという事案も存在します。実際にボス弁の指示に従ったと思われる行動を原因として、イソ弁が懲戒を受けた事案も存在しています。

　このような事案については、イソ弁はボス弁の監督下にある以上、対応が難しいのですが、イソ弁としても、自分が担当していないまでも弁護士として各種書面に押印がされている事件については、せめてその内容を把握しておくべきでしょう。実際の対応としては難しいかもしれませんが、イソ弁であっても弁護士である以上、自分の身は自分で守らねばならないのです。

　また本節後半では、事務職員に対する指示の方法等に関する失敗

Ⅰ 事務所内での失敗談

事例について紹介をしています。【ケース9】は複数人の事務職員がいる場合における仕事の分担に関する事例であり、【ケース10】は事務職員と弁護士の仕事の分担に関する事例となっています。

　事務職員の採用に関する節でも記載をしていますが、法律事務所において事務職員の果たす役割は、場合によっては勤務弁護士よりも重くなることがあり、加えて勤務弁護士を採用していない事務所であっても事務職員を採用しないことはまれであることからしても、事務職員との関係や、事務職員にいかなる業務を負担させるかについては重要になります。

　事務職員を採用するにあたり最初に考えるべきことは、何を事務職員に担当させ、何を自分で行うかであると思います。事務職員の採用は、弁護士の業務の効率化を目的とするものであることからしても、自分の作業が最大限効率化するように作業の分配を行う必要があります。

　特に、弁護士においては、何でも自分でやろうとするか、逆に極度に放任するかなど極端な対応をとりがちであることから、事務職員を採用するにあたっては、事務職員との間における作業内容の分担についてしっかりと検討しておく必要があります。弁護士の時間と能力には限界があることから、弁護士は弁護士にしかできないことに集中できる環境を構築するべきでしょう。

　なお、特に小規模事務所においては、事務職員は依頼者に対するお茶出しから電話対応、書面の作成、金銭の管理および場合によっては事務所の掃除まで担当することになります。そのため、採用前に事務職員が抱いている業務内容のイメージと実際の業務内容との

間にずれがある可能性があるため、採用の際には事務所における事務職員の業務内容をしっかりと説明するべきでしょう。

　また、事務職員に依頼する内容を決めている場合であっても、事務職員が複数存在する場合に、どの業務を誰に担当させるのかという問題が発生し得ます。採用段階で「経理担当」等と限定している場合には別ですが、個々の事務職員の業務内容が重なっている場合、どの事務職員にどの仕事を担当させるのかという問題が生じ得ます。

　この場合において、何も考えないで仕事を振ってしまうと、能力のある事務職員に仕事が集中しがちになるという状況が生じやすいことから、採用側としては、現在誰にどの程度の量の仕事を任せているのかをしっかりと把握しておく必要があるでしょう。

　加えて、【ケース9】にも記載されているように、「途中で仕事を減らすこと」も方法を考えないと当該事務職員との信頼関係を崩すことになりかねないことから、事件を配分する段階において、現在担当している事件数等を考慮し、適切な事件の配分を心がけるべきだと思われます。

　最終的には、事務職員との関係も人間関係であることから、双方が気持ちよく仕事ができる環境をつくるのが大切といえるでしょう。

I 事務所内での失敗談

3 そのほか

【ケース⓫】
イソ弁の採用に気を付ける

Profile
- 男性／開業3年目
- 地域タイプ：密集地

1. イソ弁を採用

　独立して3年目、仕事も順調に増えてきたのでイソ弁を採用することにしました。

　ただ、新人を採用するとビジネスマナーなどを教える必要があり、通常業務で忙しいのに、そのような指導まで行うのは大変なので、経験者に絞って日弁連の「ひまわり求人求職ナビ」への登録を行いました。

　何件か応募はありましたが、採用時期が悪かったのか1人事務所が敬遠されたのか、それほど応募はきませんでした。

　弁護士である以上、誰でも一定程度の実力はあるのだろうと考え、1人だけ面接をしてみて、前の事務所を辞める理由にも納得ができたので、登録2年目の弁護士を採用しました。

2. 業務を任せてみたところ…

　ところが、採用してみるとそのイソ弁にはとてもミスが多く、作業を任せ

るどころか、かえって確認に時間をとられることになりました。また、ミスが多いことから事務職員の手間も増えてしまい、事務職員とイソ弁との関係もすぐに悪くなってしまいました。

　ミスの内容はとても初歩的なものであり、
- コピー＆ペーストで書面を作成しており、前の依頼者のセンシティブな情報（犯罪情報）がそのまま残っている。
- 裁判所に出す陳述書代わりの報告書を思い込みで勝手につくってしまい、その結果、内容が虚偽の報告書になっている。
- 和解書に、「【依頼者】代理人弁護士」として署名するところ、弁護士本人名義で署名する（そのようなことをすれば、債務は依頼者ではなく弁護士が負ってしまう）。
- 最低限度の文章能力に欠け、接続詞の使用方法が間違っている、主語と述語が対応していないなど、起案を読んでも内容がわからない。

などの弁護士としての職務経験があるとは到底思えない内容でした。

3. 教　訓

　解雇するわけにもいかず、根気よく指導し、そのような致命的なミスは減ったものの、現在も安心して仕事を任せられるという状態ではありません。

　その後、何人かイソ弁を採用していますが、時間をかけて面接をする、実際に書面を書いてもらい文章力や論理的構成力を測る、採用しようと思った弁護士の同期やその人に近い人を探して情報を収集するなど、採用活動に慎重になったことはいうまでもありません。

I 事務所内での失敗談

3 そのほか

【ケース⑫】
イソ弁・事務職員はできなくて当たり前

Profile
- 男性／開業5年目
- 地域タイプ：密集地
- イソ弁数2人、事務職員数3人

1. 独立開業して、人を採用した

　開業3年目、イソ弁を雇い、事務職員も増え、事務所は順調に大きくなっていました。独立して一番よかったことは、仕事について誰からも指図されないこと、それから、人事（採用）について誰からも文句を言われずに好きな人を採用できることです。

2. 部下（イソ弁・事務職員）のミスに怒りすぎて…

　独立できたことによって、私は万能感に満ちていました。私はできる、私はできる、私はできる。一種の自己暗示みたいなものです（そうしないと不安感で潰れてしまいます）。自分は優秀だと思っているから、イソ弁や事務局の能力不足やミスが目につきます。ささいなミスでは怒りたくありませんが、ささいじゃないミスもするので、怒らずにはいられません。イライラしてしまいます。売上げが伸び悩む時期は、さらに経済的プレッシャーでイライラしていますから、ガミガミ怒鳴ってしまいます。下手をすれば、単なるスト

レス発散になってしまいます。怒っても誰も「やりすぎ」とは言ってくれません。もはやパワハラです。もしかしたら、イソ弁も事務局も、怒られたくない一心で仕事をし、萎縮していたかもしれません。

3．イソ弁が辞めた

　ある日、イソ弁がささいではないミスをしました。原因は注意欠如、要するに確認不足です。もちろん、時にはそれが致命的になるから恐ろしいものです。ミスを発見した私は、出張先からメールで、「責任のとり方を考えろ！」とイソ弁に送りました。返事がすぐに来ました。「責任をとって辞めます」。こうなると意地の張り合いになります。こちらも慰留しませんから、イソ弁は２週間後には退職しました。

4．事務職員も辞めていく

　こんなこともありました。知り合いの娘さんを事務局に採用しました。新社会人だったので、至らないことがたくさんありました。（今から考えれば）当然のことです。毎日のように、厳しく指導していました。泣かしてしまうことも何回もありました。ある日、その事務職員にお使いを頼んだら、戻ってきませんでした。その後、親からメールが来ました。「本当に申し訳ありません。お世話になりました」。そのまま退職となり、その事務職員とはそれ以来、一度も話せていません。

　そういえば、別の事務職員は、昼休みに外出して戻らず、そのまま退職となってしまいました。後で聞いたら、不眠になるほどストレスを抱えていたらしいのです。そこまで思い悩んでいたとは、全く気づきませんでした。

5. 教　訓

　結局のところ、期待しすぎるから腹も立つのです。イソ弁や事務職員はできなくて当たり前。能力が足りなくて当たり前。優秀な人材だったら、そもそもうちのような場末の法律事務所になど就職せず、もっと大手事務所や大手企業に就職していたでしょう。人を雇うということは、自分が楽になることではありません。その人を育てるために根気よく果てしない時間を使い、ミスのフォローをし、その人に代わってクライアントや裁判所に謝罪し、さらに（安くはない）賃金も払わなければならないのです。

　最近は怒ることもめっきり減りました。イソ弁や事務局に対し、酒席に招待し、賞与で報い、日々笑顔で感謝します。50％のパフォーマンスで満足し、70％のパフォーマンスで絶賛するようにしています。褒めて伸ばす作戦です。「私は褒められて伸びるタイプなんです」などとずうずうしく言う新人もいますが、褒められて伸びない人なんていないと思います。また、私のできることができないことは多いけれど、私ができないことをできることもたまにあります。そういう多様性が、組織を強くするのです。

　いつか、新人たちが当事務所の重要な戦力となり、次の新人を育ててくれる日があると夢見ています（重要な戦力となる前にまた今日も辞めていくのですが…）。

【ケース⑬】
共同経営型事務所の難しいところ、よいところ

Profile
- 男性／開業3年目
- 地域タイプ：密集地
- 弁護士数10人以上

1．共同経営型の事務所へパートナーとして入所

　私は開業にあたり即独を考えていましたが、最終的には、ご縁から、すでに開所10年以上の実績ある共同経営型の事務所にパートナーとして入所することになりました。パートナーなので給料はなく経費負担があるものの、すでにでき上がった事務所設備、事務局をフルに活用できて、事務所の知名度という恩恵も受けられるため、1人で開業するよりもはるかにメリットが大きいと判断しました。

　実際に開業してみると、経営者会議等を除いて事務所事情で拘束されることはなく、自分のペースで仕事をしたり、会務に励んだり、休暇をとったりと、同期と比べてもかなり自由なスタイルで仕事ができました。受任件数も徐々に増えていき、経営自体は順調でした。

　しかし、ある程度経営を続けていく中で、共同経営型の事務所ならではの問題がかいま見えるようになりました。

Ⅰ　事務所内での失敗談

2．共同経営型事務所の難しいところ①
──事務所内のルールを徹底しにくい

　事務所では、設備の利用方法、事務局への依頼方法、スケジュール報告等いくつかのルールがあるのですが、実際には紳士協定的なもので拘束力に乏しいものでした。

　例えば、スケジュール申告を頻繁に怠る弁護士がいて、事件について急な問い合わせ等があったときに連絡がつかず、事務局が対応に苦慮することがありました。

　ルールを守らない弁護士がいてもボス的立場で厳しく注意できる人がおらず、所員同士お互いに気遣ってしまい、あまり強く注意することができません。そうしてルールそのものが曖昧になってしまい、他の弁護士や事務局が割を食うというようなことがしばしばありました。

3．共同経営型事務所の難しいところ②
──個々の弁護士の状況を把握しにくい

　事務所としての拘束が緩いということは、それだけ事務所内で弁護士が互いに顔を付き合わせてコミュニケーションをとる機会が少ないということです。コンフリクト回避のためにも受任事件等は相互に把握できているものの、事件の細かな状況までは必ずしも明確に把握はしていません。

　あるとき弁護士の1人が過労で倒れることがありました。仕事で悩みを抱えてメンタル的に不安定な状態になりながらも無理して働いていたことが原因でした。事務所内でのかかわりが薄かったため、こうした個々の弁護士の悩みに気が付くことができませんでした。

4．共同経営型事務所の難しいところ③
──コンセンサスを得るのが難しい

　また、ある程度弁護士業を継続していると、業務効率や経営の改善のために事務所内のインフラ設備等に手を加えていきたいと思うようになりました。そのためには、経営者会議で弁護士全員のコンセンサスを得る必要があるのですが、これがなかなか容易ではありません。

　例えば、IT技術を活用したシステムを取り入れたいという案に対してITに疎い弁護士から猛反対があったり、事務職員の昇給をめぐり使用者寄りの弁護士と労働者寄りの弁護士間で意見が対立したりといったことがありました。

　登録期もさまざまで、弁護士業に対するスタンスも一枚岩ではなく、イデオロギー的な対立もあるため、なかなかコンセンサスを得られません。

　いわゆるボスがいる事務所であれば、重要な局面での経営判断についてボスが押し切ることもできますが、共同経営型事務所ではそこまでの決断をできる責任者がおらず、重要な局面での経営判断でも結論が出ないまま現状維持という状態が続くことが、たびたびありました。

5．共同経営型事務所について思うこと

　以上が実際に共同経営をしていて見えてきた問題です。共同経営型事務所はけんか別れをするケースが少なくないそうです。確かにこのような問題がよりシビアな形で顕在化していくことになれば、無理もない話でしょう。

　このような問題を避けるためには、共同経営型事務所という性質と矛盾するようですが、実質的に経営のリーダーシップをとって事務所をまとめられるような役割の人がいるとよいのだと思います。

　また、所員の弁護士それぞれの個性、特性を生かした役割分担、人材活用

I 事務所内での失敗談

をして事務所経営ができるような経営の工夫、仕組みを構築していくべきでしょう。

そして、なにより所員それぞれが悩みを抱え込まず、お互いに本音で語り合えるような関係を維持するためにも、所員の弁護士1人ひとりが、強制には至らないとしても、事務所内でのコミュニケーションがとられるような雰囲気になるように配慮していく必要があると思います。

最近は、弁護士増員の影響でいわゆるイソ弁として手厚いOJTを受けながら仕事をしていくことが難しくなっているようですし、ノキ弁や共同経営型のスタイルで開業するという選択肢について前向きに検討する必要があるでしょう。

共同経営型事務所についていろいろとデメリットを述べましたが、経営リスクを抑えつつ事務所の拘束なく自由に仕事ができるというのは、自由気質な弁護士の本質にマッチしたスタイルだと思います。ある程度主体的、能動的な開業ビジョンがある方にはお勧めです。

ですが、一方で共同経営型事務所では独立開業の弁護士に比べてほかにも弁護士がいるという心理的な安心感から、経営者としての自覚と責任が薄くなり、どうしても他力本願な考えにもなりがちです。1人の経営者としての自覚と責任をもちつつ、前記のような共同経営型事務所特有の配慮をしながら経営に参画していくことが重要でしょう。

まとめ

　本節では、イソ弁の採用および共同経営に関する事例を紹介しています。【ケース11】はイソ弁を採用したものの、実際に業務を任せるのは困難であった事例、【ケース12】はイソ弁等に対する期待値が高すぎたゆえに対応に失敗した事例、【ケース13】は共同経営型事務所に途中参加した場合の問題点について紹介しています。

　事務職員の採用の場面と同様ですが、イソ弁を採用した場合のミスマッチについては、人員を採用する以上避け難い問題でしょう。特に、弁護士は採用活動については何らの専門知識も有していないことがほとんどであることから、事務職員の採用と同じく、イソ弁の採用については問題が生じやすいといえます。

　【ケース11】と【ケース12】は能力に疑義があった場合ですが、イソ弁を採用した場合のミスマッチについては、①能力的なものと②人格的なものの2つに分けることができます。

　このうち、①能力的なものについては、イソ弁を採用する目的は自己の業務の一部を担当してもらうことである以上、当然のことながらイソ弁には一定以上の能力を求めることになります。そして、能力的なもののミスマッチを防ぐためには、採用の際に一定の能力を測る試験を課す、経験者採用の場合はイソ弁予定者の知人等に状況を確認する等という方法が考えられます。

　もっとも、試験を課す際には、当該試験が自らの事務所の人員として稼働できるかどうかを判断できる内容でなければなりません。すなわち、弁護士として最低限必要な能力についてはすべての事務所で共通するものの、仕事の種類ごとにその事務所において必要な能力は少しずつ異なることから、自分の事務所でどのような傾向のイ

I 事務所内での失敗談

ソ弁を採用したいのか、よく分析・検討のうえ、試験を課すべきでしょう。なお、最近は司法試験の成績が開示されることから、イソ弁の採用にあたっては司法試験の成績を提出させる事務所も珍しくないようです。私見ですが、司法試験の成績や受験回数は弁護士として5年、10年経験した後の能力を全く保証するものではありませんが、採用当初の書面作成能力や仕事を身に付けるスピード等については一定程度の関係性があるのではないかと考えています。

次に、②人格的なものについては、能力的なものと同様に重要な問題です。法律事務所においては一部の事務所を除ききわめて小規模であることおよび労働時間が長くなる傾向があることから、いや応なく密な人間関係が生じるため、人的な部分で齟齬が生じた場合に、相互に強いストレスを感じてしまう結果となってしまいます。弁護士の仕事は仕事そのものからも強いストレスが発生することから、それ以外の不要なストレス要素は避けたいところです。

とはいうものの、能力以上に人格面については面接等での判断が困難で、また、能力的な部分については教育によってある程度の修正が可能であるのに対し、人格的なものについては変えようがない部分が多く（人格自体を矯正しようとすることは相当な負荷をかけることが前提となります）、能力によるもの以上に改善が難しい部分でしょう。加えて、能力における問題は採用した弁護士とイソ弁との間に起きるものにすぎませんが、人格的なものについては、事務職員との間においても生じます。

このような不一致を完全に防ぐ方法はないでしょうが、予防策としては、事務所に新しいメンバーを加える際には、弁護士だけでは

なく事務職員の意見も確認し、既存の職員が1人でも疑義を述べた場合は採用しないという対応が考えられるでしょう。もっとも、そのような対応をとった場合、事務所の構成員の人数が増えれば増えるほど意見の相違が現れ、新メンバーの確保が困難になるという弊害があります。

また、単独経営における負担やリスクを軽減するために、共同経営を選択する事務所も多いと思います。共同経営は経費の負担が減少することに加え、自己の業務において不明な点があった場合に、気軽に相談することができる相手がいる点でかなりの利点があります。

しかしながら、特に特定のリーダーがいないような共同経営形式の場合、事務所内の意思統一を図ることが難しく、結果として事務所内の改善を図ることが困難になったり、事務所内の関係がなあなあになったりすることがあります。その結果として事務所自体が分裂するということも珍しくはありません。

弁護士は個々が経営者であることから、結果として事務所が分裂してしまうこともやむを得ないかと思いますが、共同経営の利点を享受するためにも、事務所内で意見が割れた場合の意思決定のために、全会一致以外の意思決定の方法を決めておいた方がよいと思います。

結局のところ、人員の採用や共同経営については、いつまでたっても悩みは尽きないというところでしょう。経営者としては可能な限りの予防策をとりつつ、教育によって解決を図るように考えていくべきではないでしょうか。

II
業務上の失敗談

【ケース14】事案をきちんと確認してから受任する

1 依頼者にだまされかけた

Profile
・女性／登録9年目
・地域タイプ：過疎地
・弁護士数2人、事務職員数2人

1．紹介のない方からの依頼を受任

　紹介のない方からの訴訟代理の依頼について、「ほかの弁護士の先生とも仕事上付き合いがあるが、恥ずかしいから全く知らない先生にお願いをしたい」と言われて、受任しました。

2．依頼者にだまされていた

　通常どおりの訴訟を遂行していたところ、突然、依頼者が受任事件に関連した詐欺事件で逮捕され、結果、有罪となりました。依頼者から聴取していた事実はすべて真っ赤なうそでした。なお、その依頼者から紹介された別の依頼者の案件でも弁護士費用を踏み倒されてしまいました。

3．教　訓

　「だまされる」という失敗の原因としては、

Ⅱ 業務上の失敗談

① 依頼者の威勢のよさや「ほかの弁護士の先生とも付き合いがある」という言葉をうのみにし、相談段階で自分自身が納得いくまで質問をして事案の把握をすることを怠ったこと
② 事務局からの「何かおかしい」という警告を無視したこと
③ そのとき事務所経費が不足気味であったことから無理をして受任をしたこと

が挙げられます。

その後は、納得するまで法律相談を重ねてから受任をしています。

1 依頼者にだまされかけた

【ケース⑮】
「何か変だ」と思ったら受任しない

Profile
・男性／開業2年目
・地域タイプ：過疎地
　（都市周辺地域）
・事務職員数3人

1. 開業直後の仕事がない時期に受任

　開業直後、事務所が周囲に知られておらず、どうしても仕事が欲しい時期に交通事故の案件が入りました。
　交通事故の被害者である依頼者から、「保険会社に対して休業損害を請求してほしい」と言われ、依頼者に言われることに従い、休業損害証明書を保険会社に提出しました。

2. 危うく詐欺の片棒を担ぐことに

　その結果、危うく詐欺の片棒を担ぐことになり、ヒヤリとしました。
　依頼者の「働いているが、バイトなので課税証明書は出ない」という言葉を信じて手続きを開始しましたが、これに対し、保険会社の方から依頼者が実働しているかどうか疑わしいと指摘がありました。
　そこで、依頼者に詳細を尋ねたところ、説明が支離滅裂で意味がわかりませんでした。そして、何度か同様の質問をしていると、観念したように依頼

II 業務上の失敗談

者から、「その会社でバイトをしているわけではない。知り合いなので休業損害証明書を書いてもらっただけである」というとんでもない内容の話が出てきたのです。依頼者の対応がおかしいと思ったら、しつこく聞いてみることも重要です。

私としては、違法行為に加担することはできないので、すぐに辞任させてもらいました。辞任する際の注意点としては、依頼者に十分事情を説明し、返金すべき金員は返し、返金できない部分は根拠を書面で示すことです。何か変だと思われる依頼者については、後で何を言い出すかわからないので細心の注意を払う必要があります。自分の身は自分でしか守れません。

3．教　訓

今思えば、初めての面談の際、依頼者ともっと話をして怪しい点はないかどうか確認すべきでした。巷間よくいわれているように、「何か変だ」と思ったような場合は受任すべきではありません。当時、私も「何か怪しい」とは思っていたものの、事件が欲しいという一心で受任してしまいました。今後は、何か変だと思うような場合、自分の身を守るために受任しない勇気も必要だと考えています。

弁護士が増えてくる中、競争が激しく仕事の取り合いになっていますが、怪しい話には絶対に乗ってはいけません。

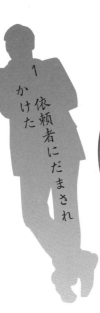

【ケース16】
知り合いの紹介でも気を付ける

Profile
- 男性／開業15年目
- 地域タイプ：密集地
- 弁護士数3人、事務職員数1人

1．元依頼者の紹介

　私は、司法修習終了後に東京弁護士会に弁護士登録し、いわゆるイソ弁として勤務した後、独立して東京都内で法律事務所を開設しました。

　独立して5年ほど経過した頃、Ｘさんより電話がありました。Ｘさんは、私がイソ弁時代に破産申立てを行った会社の従業員で、連絡が来たのはそれ以来でした。Ｘさんの話では、Ｘさんの友だちのＡさんが多重債務で苦しんでいるので相談に乗ってほしい、ということでした。私としては拒む理由がないことから、相談に応じることを伝えました。

　なお、その後、Ｘさんとは連絡がとれませんでした。

　しばらくして、Ａさんから電話があったので話を聞いたところ、Ａさん自身の問題ではなく、その友だちのＢさんが多額な借金で困っているので相談に乗ってほしい、とのことでした。

　そこで、打合せの予定を入れ、当日はＡさんとＢさんが私の事務所に来たので、2人から話を聞きました。

Ⅱ 業務上の失敗談

2．Bさんの案件

　Aさん、Bさんとも東北のY県に住んでいるということでした。

　Bさんは、会社勤務で資産はないが700万円程度の借金があり自己破産がしたい、と私に言いました。そのような借金ができた理由を聞いたところ、3年ほど前に中国人の女性と結婚した際、その紹介料（300万円）と妻の実家の借金（300万円）を払うためにサラ金等から借金をしたが、返済できずに増えてしまったということでした。

　AさんとBさんは中学校の同級生であり、どちらもY県出身ということで、なぜわざわざ東京の弁護士に頼みにくるのか聞いたところ、Y県の弁護士だとクレサラ（クレジット・サラ金）による個人の自己破産の申立てをなかなか引き受けてくれず、引き受けてくれても処理が遅いということでした。

　現在であれば、このようなことを言われても信用しないと思います。ただ、その当時は、弁護士会の法律相談センター（クレサラセンター）から、近隣にある私の事務所に相談時間外に電話がかかってきて、遠方から飛行機で相談者が来ているから相談に応じてくれないかと言われ相談に応じたり、また、通常の相談においても、地方では、なかなか弁護士が応じてくれないとの話を聞くこともありました。そのような相談者の話からも、地方の方が弁護士に頼むのは場所によっては大変だとの認識があったので、Bさんの案件を受任することにしました。

　Bさんには、遠距離のため資料等は郵送してもらうが、申立書ができた時点で私の事務所に来て、それを確認したうえで陳述書、委任状に署名・捺印してもらうこと、また、当然のことながら、裁判所の審尋には来てもらうことを約束してもらい、その内容も含めた契約書を作成し、受任しました。

3．Ｃさんの案件

　その年の末頃、再びＡさんから電話があり、やはり借金で困っている人がいるから、債務整理の相談に乗ってくれ、ということだったので相談の予定を入れたところ、ＡさんがＣさんを連れてきました。

　Ａさんは信販会社の取扱店を経営しているとのことだったので、このように債務整理の相談者を連れてくることにはなんとなく違和感はありました。ただ、Ｃさんについては関東圏の人であり、Ａさんの会社の社員の友だちということだったので、相談を受けることにしました。

　Ｃさんの話では、キャッチセールスによる借金があったうえ、お金を貸していた交際相手がどこかに消えてしまい、結局、約500万円の借金が残ってしまったということでした。

　ＡさんとＣさんは破産（同時廃止）をしたいと言いましたが、私の方からは、「お金を貸した交際相手がいなくなった」では、裁判所は同時廃止を認めず、破産管財人をつけるように指示されること、また、申立てを行う際にも、その交際相手にお金を貸した証拠をできるだけつけなければならないことを伝えました。そして、一般的な破産の資料とともに、その交際相手の資料（携帯電話の番号等も含む）を次回は持ってくるように指示したうえで、受任契約を締結しました。

4．ところが…

　数日後、Ｙ県のＺ弁護士よりメールがきました。その内容は、次のとおりでした。

○○○○先生
　Ｙ県の弁護士のＺと申します。

Ⅱ 業務上の失敗談

　突然のご連絡で失礼いたします。
　●月●日に先生に債務整理の件でご相談したＢ氏（住所：●●●●●）から相談を受けています。Ｂ氏は先生のところに相談に行った際に同席していたＡからだまされて、Ａに500万円弱の金を渡し、さらに●●銀行のカード等を渡して、そこからＡが600万円余の金を引き出しているようです。
　Ｂ氏はこれらの事情を秘したうえで先生に破産手続きを依頼するようＡに言われていたとのことです。Ａを告訴すべく準備を進めていますが、Ｂ氏の話は要領を得ないところがあり、先生のところで把握しておられるＢ氏の負債状況についてお聞かせいただきたくご連絡を差し上げた次第です。
　後ほどＢ氏からも連絡をさせていただきますが、とりあえず先生のホームページを拝見してご連絡させていただきました。明日あらためて私の方からご連絡させていただきますので、よろしくお願い申し上げます。
　　　　　　　　　　　　　　　　　　　　　　　　弁護士　Ｚ

　翌日、Ｚ弁護士と電話で話したところ、メールのとおり、ＡさんはＢさんをだまし、私にうそを言って破産の申立てをさせようとしていたということでした。Ｂさんにも電話を代わってもらい、そのことを本人にも確認しました。
　Ｂさんとしても、Ａさんを告訴したいということだったので、私もできる範囲で協力することにし、Ｂさんへ資料を返送しました。
　Ｂさんは、Ｚ弁護士を代理人として警察署に告訴状を提出し、その後、私のところにも、その警察署より捜査関係事項照会書が送付されてきたことから、それに回答しました。
　こうして、ＡさんはＢさんをだましてその財産を預かったり隠したりし、

私をもだまして、Bさんに破産の申立てをさせようとしたことはわかりました。ただ、Cさんも同じようにだまされているかどうかはわかりませんでした。

5．Cさんの案件も…

　Cさんと受任契約を締結した際、Cさんから預かった複数のカードを切断し、（取引履歴の開示も求めて）受任通知を各債権者に送付しました。また、キャッチセールスの関係についてはクーリングオフの通知を送付しました（キャッチセールスの業者は、クーリングオフを認めたのか、債権の届出はありませんでした）。

　債権者から送られてきた取引履歴を見てみると、私の受任直前に、Cさんが1つの債権者から異常な金額の借入れをしていました。

　そこで、Cさんと複数回打合せを行い、疑問点を問いただしました。なお、AさんがCさんと一緒に来たのは最初の1回だけで、それ以後、Aさんとは会えませんでした。

　Cさんの話では、受任直前の異常な借入れは、Cさん自身ではなく、カード等を貸した交際相手によるもので、また、その交際相手が今どこにいるか等の手がかりはないということでした。その後の打合せでも、さまざまな観点からCさんに聞いていきましたが、Cさんの答えが変わることはありませんでした。

　Aさんが一緒に来ているわけではないし、半年以上もCさんから同じ答えを聞き続けたため、私もさすがにこれはAさんがだましているわけではないのではないかと思い始めました。

　ところが、ちょうどその頃、Cさんの母親から電話がかかってきました。

　母親の話では、Cさんはキャッチセールスで借金100万円以上を抱えていたところ、知人の紹介でAさんに相談したとのことでした。Cさんは、Aさ

んから「借金を返済しないため、今後、債権者のブラックリストに載ることは間違いない。そのリスクを考えると、より借金をしてから破産した方がよい」と言われ、それに従い、カード会社から何百万円ものお金を借り、Aさんにそのお金を預けていました。そして、その事実を私に隠して破産しようとしたのでした。

　Cさんとしては、Aさんに言われるままに私にうそをついてきましたが、ついに耐えられなくなって母親に相談し、母親が私に事実を伝えてきたわけです。

　結局、私は今までの経過をすべて記載し、Cさんの破産申立てを行いました。裁判所の判断で管財事件とされ、そのうえでCさんは免責となりました。

　また、Aさんについては、Cさんを告訴人として刑事告訴をしました。告訴の受理はされましたが、Aさんが見つからないまま捜査は終了してしまいました。

6. 教　訓

　Aさんは結局、Bさん、Cさんの件をあわせ、1,000万円以上の金員を取得したと考えられます。Aさんは、最終的には、私に対し、非弁提携の形にしようとまで考えていたのでしょうか。むろん、その当時、すでに私は弁護士として10年以上の経験があったので、Aさんから何らかの形で脅されたとしても断れたと思います。ただ、一歩間違えたら危なかったのも事実で、Z弁護士のメールがなかったら相当きわどいことになっていたかもしれません。

　このこと以来、社会には弁護士を悪く利用しようとする人がいることを、あらためて認識しました。

1 依頼者にだまされかけた

【ケース17】
企業全体の状況に目を配る

Profile
- 男性／登録12年目
- 地域タイプ：密集地
- 共同経営型事務所
- 弁護士数3人

1．好条件の和解に応じない依頼者

　登録10年目の頃、中小企業の依頼を受け、大手企業に対して委任契約上の損害賠償請求を行い、訴訟前の交渉をしました。
　半年近くかけて交渉も大詰めとなり、比較的好条件で和解がまとまりそうになりました。しかし、好条件であるにもかかわらず、依頼者がなかなか和解に応じようとしません。

2．別の弁護士から通知が…

　不思議に思っていると、突然、依頼者から委任を受けたという別の弁護士から、依頼者の破産の通知が届きました。驚いてその弁護士に尋ねたところ、少し前から相談を受けていたとのことでした。つまり、依頼者は、破産しそうなので、和解をまとめてしまうことに躊躇していたようでした。
　破産しそうなのであれば、それなりの対処方法があります。早めに相談してくれればやり方もあったのに、と思いましたが、もう手遅れです。結局、ま

Ⅱ 業務上の失敗談

とまりかけていた和解は流れ、報酬も全くもらえませんでした。半年近くかけた交渉の努力が水の泡となりました。

3．教　訓

　依頼者の状況は、委任を受けている事件のことだけでなく、依頼者の企業全体の状況にまで目を配る必要があるということを痛感しました。

まとめ

　本節では依頼者にだまされかけた事例を紹介しています。【ケース14】と【ケース15】は依頼者が虚偽の事実を弁護士に話していた事例、【ケース16】は依頼者を紹介した人間が弁護士を利用する意図を有していた事例、【ケース17】は依頼者が破産の意図を有しており、代理人がその事実を認識していなかった事例です。弁護士のもとにはさまざまな依頼者が相談・依頼に来ますが、中には悪意をもって弁護士を利用しようとしている依頼者もいるということです。

　本節の事例のうち、【ケース14】と【ケース15】には、「何かおかしいなと思ったものの、仕事が欲しかったことから思わず受任してしまった」というフレーズが出てきます。つまり、依頼者の発言に多少不審な点があったとしても、目の前の事件を受けたいという欲がある場合、多少の不自然さに目をつぶってでも受任をしたいという方向に意識が傾いてしまうのでしょう。

　こちらを利用しようとしている依頼者に利用されないためには、まず弁護士自身が「目の前の事件を受けなくても別に困らない」という余裕をもつことが必要であると思います。新規事件を受任したいという感覚が先行してしまうと、どうしても多少の不自然さには目をつぶってしまいがちです。

　仮に、その余裕がない状態で依頼が来てしまった場合には、やせ我慢をしてでも断るしかありません。少なくとも事件の受任を判断する際には、現在の事務所の経営状態を一度忘れて虚心に判断するしかないのではないでしょうか。

　また、虚偽の申告をしている依頼者にだまされないためには、客観的な事実関係とのずれがないかにつき、相手方の主張の穴を見つ

けるように、依頼者の主張にも穴がないかを確認し、不自然な点や疑問に思う点は必ず確認をすることが有効でしょう。少なくとも、簡単に手に入る客観的な資料との整合性は確認すべきですし（筆者が見たものの中では戸籍謄本や登記簿等の容易に手に入る客観的な資料との齟齬がある事案がありました）、事実関係からすれば、持っているのが当然である資料を持っていないような場合については、依頼者がその資料をなぜ有していないのかにつき合理的な説明ができるかどうかを確認しなければなりません。

　もっとも、弁護士に依頼が来る案件については、必ずしも客観的な証拠が存在している事案ばかりではありません。極端な話、客観的な証拠を依頼者が保持していない事件をすべて断っていたら仕事にならないともいえます。したがって、そのような事件においては、証拠が存在しない理由が合理的に説明できるか否かをしっかりと判断する必要があるでしょう。

　また、弁護士に相談に来る場合に、相談当事者以外の第三者が立会いを希望する場合があります。【ケース16】はその立会人が知人の知人であった場合です。

　特に消費者被害系に多いのですが、こういった第三者が立ち会う事件の場合、当該第三者が弁護士を利用して自己の利益を図ろうとしている場合があります。【ケース16】のように自らが金銭を預かっているような場合もあれば、複数のヤミ金より借入れがある依頼者に対し、ヤミ金のうちの自己以外の借入れを清算させ、自分のみに返済を続けさせる意図で弁護士を利用しようとするケースも存在します。

このような状況に対応するためには、基本的には直接の紹介者以外については法律相談への立会いを断ることが重要でしょう。事実関係を最もよく把握しているのは当事者であり、当事者が説明できないものを第三者が説明できるという状況は考え難いためです。また、弁護士は依頼者にとって非常に秘匿性の高い情報を扱う以上、仮に依頼者が表面的には同意をしているとしても、情報を認識している者をむやみに増やす必要はありません。

したがって、法律相談に第三者が立ち会おうとする場合は、立会いを断るというのが原則的な対応になるでしょう。仮に、立会いを認める場合であっても、その人間の身分や氏名については身分証を確認するなど正確に確認のうえ、記録をとっておくべきです。

弁護士がトラブルの解決を目的として活動する業種である以上、弁護士自身がトラブルに巻き込まれるのもある程度は避けられません。その依頼者が弁護士を利用しようとしている者か否かが判別できなかったばかりに、非弁提携をしてしまい、最終的には懲戒事案になってしまうこともあります。事務所を経営していく以上、相手方との関係だけではなく依頼者との関係においても注意をしていく必要があります。

II　業務上の失敗談

2　報酬を取り損ねた

【ケース⑱】
事案の進捗はこまめに伝える

Profile
・男性／登録3年目
・地域タイプ：密集地
・共同経営型事務所
・弁護士数10人

1. 事案のスムーズな解決

　私がイソ弁であった頃、事務所に「自宅の隣にアパート建築が計画されて、建築されると自宅の日当たりが悪くなってしまう。なんとかならないか」との相談が来ました。

　ちょうどその頃、私は、ボスと組んでいた同種事件の仮処分申立事件で事実上の勝訴といえる結果を得たときであったことから、相談時にその事例を紹介しながら、まずは相手方と交渉したうえで、それでも動かないときはすぐに仮処分を申し立てましょう、ということで受任しました。

　その後、取り急ぎ、相手方会社に電話で受任の事実および交渉経過によっては仮処分申立ても辞さない旨を連絡したところ、相手方会社は急きょアパートの建築計画を変更してきました。そのため、その変更後の計画によって依頼者の自宅の日照が十分に確保できることを建築士にも確認したうえで、相手方会社との間で合意書を取り交わし、変更後の計画に従ったアパートの建築を確約させました。

2. 報酬をもらえなかった

　ところが、その間、依頼者には、事実の経過を電話で「相手方が計画を変更してきました」「合意書を取り交わします」という程度しか報告しておらず、実際に計画変更してきた理由として将来の仮処分申立てを恐れてのことだということを説明していませんでした。

　そのため、相手方会社との合意書を取り交わした段階で、再度依頼者に電話で「成功報酬のお話を…」と水を向けたとたん、「たかだか合意書を交わしただけで、相手方会社が勝手に計画を変更してきただけだろうが、このドアホウ！」などと散々に怒鳴られ、結局、報酬を請求するのを諦め、合意書の原本を郵送して事件を終了させました。

3. 教　訓

　今であれば、(成果の誇張は絶対にいけませんが) 相手方との交渉を当方の要求どおりに進めることができた要因を、より成果に結びつけて説明できたであろうし、報酬もいくらかはいただけたのではないかと思います。

　今回は、結果自体は依頼者の望むものになったことから、それ以上の紛議にはなりませんでしたが、もし依頼者の望まない結果を伝えなければならなくなったときに、それまでの経緯をつぶさに説明していなければ、依頼者だった人が懲戒請求者に変貌する危険もあったと思います。

II 業務上の失敗談

2 報酬を取り損ねた

【ケース⑲】
「出たとき払い」で仕事を受けない

Profile
- 男性／開業4年目
- 地域タイプ：密集地
- 弁護士数1人、パラリーガル数2人

1．刑事事件の「出たとき払い」

　私の失敗談は、刑事事件での「出たとき払い」の合意に関してです。これは、契約書は交わしてはいるが、国選・法テラスの登録をしていないという、かなり限定的な場面での問題だとは思います。

　私の場合、刑事事件はほとんど扱わないため、国選の登録もしておらず、法テラスの契約もしていません。そのため、刑事事件を受任するとなれば、私選でということになります。

　全くのイチゲンさんであれば、紹介者次第であり、断るのも比較的自由です。場合によっては、入金を確認してから動く、という方法もあり得るだろうと思います。

　しかし、以前の民事事件の関係などで見知っている方が被疑者として拘束された場合、本人が警察を通じて弁護士に接見要請をしてくることもあります。

　民事事件の着手金・報酬金について問題がなかった方であれば、本人から直接オファーを受けることからわかるとおり、関係は比較的良好であるため、

なかなか断り切れません。特に以前の私の場合、頼まれたら断り切れず、ついつい「弁護人となろうとする者」として「後から請求すればいいや」と思って接見に向かっていました。

そのときも、案の定、直接面会して本人から頼まれると情が湧き、とりあえず「出たとき払い」の内容で報酬を説明し了解を得て、被疑者弁護のため動き始めてしまいました。本人いわく、個人事業を営んでおり、事業は苦しいが支払いは何とかする、ということで、それを信じた私も甘かったかもしれません。事業をしばらく営んできている実績があり、油断した部分は確かにあります。

2. 無事に釈放されたものの…

その後、被害者との示談交渉も済ませ、無事起訴猶予で釈放されました。刑事事件の成果としてはまずまずだったと思っています。

しかしながら、釈放後に本人にたびたび請求しても、「今月は苦しくて」などの言い訳のオンパレード。分割払いを打診しても、「もうちょっと」と支払い猶予の連続。

よく考えてみると、個人事業で本人が10日あまり留置場にいたのですから、事業へ支障を及ぼすのはある程度予想できたはずです（取引先には、刑事事件でつかまっていたことはごまかしていましたが…）。

3. 教　訓

結局、依頼者の個人事業の経営も傾いたため全く支払いのめどが立たず、こちらも半分諦めています。

「出たとき払い」で受けるのはもうやめようと思っています。

Ⅱ　業務上の失敗談

2　報酬を取り損ねた

【ケース⑳】
甘い顔をしすぎない

Profile
- 男性／登録12年目
- 地域タイプ：密集地
- 共同経営型事務所
- 弁護士数3人

1. 経済的に厳しい依頼者

　ある事案で、依頼者から「経済的に厳しい」という訴えがあり、着手金を相当減額して受任しました。

　1年程度の期間をかけて、訴訟を経て和解に至り、結果として依頼者は多額の経済的利益を得ました。旧報酬基準で計算すると成功報酬が多額になりすぎると思い、成功報酬も減額して請求しました。

2. 減額した成功報酬さえ…

　しかし、その減額した成功報酬さえも、依頼者は支払ってくれませんでした。結局、仕方がないので、支払督促を提起しました。

3. 教　訓

　依頼者が経済的に厳しいからといって、甘い顔をしすぎると、「この弁護士

にはわがままがきく」と思われてしまい、結果的には関係の悪化につながってしまいます。

　着手金や成功報酬はあまり低額にならないように、しっかりともらうべきだと思います。

2 報酬を取り損ねた

【ケース21】 事務職員の安全を確保する

Profile
- 男性／登録13年目
- 地域タイプ：密集地
- 弁護士数2人

Ⅱ 業務上の失敗談

1．事件を受けた経緯

　私が被告代理人で、傷害事件がらみの簡裁事件でした。この事件は相手（原告）が難しい人であり、司法委員が被告に弁護士をつけた方がよいと言ったため、法律相談に来た事案です（なお、この司法委員は私の恩師であったため、公正を期するために事件の配点を変更しています）。

2．裁判は終了したものの…

　なんとか裁判としては終了しましたが、その後に問題が起きました。被告が任意で履行しない、という状況になり、原告が私の事務所に「強制執行だ！」と言って、友人を連れて怒鳴り込んできたのです。
　おそらくは、怒り狂う原告を友人がなだめながら優位をとろうとしたのだと思いますが、私はいないということで処理しました。その後、相手方代理人が強制執行を求めて事務所に来ても困るので、被告の財産を差し押さえるなりしてくれ、という連絡をして終わりました。

3. 教　訓

　やくざまがいの手口ですが、弁護士はたいていこういった対応には慣れているので、脅しても金銭はとれません。最大の問題は、事務職員の安全確保です。

　セキュリティを重視し、鍵をかけておくなどの予防策は必要です。

　なお、この事件では被告が裁判終了後に携帯電話を解約してしまい、私は報酬を受け取れなかったというオチがありました。

Ⅱ 業務上の失敗談

　本節では、仕事を完了したにもかかわらず弁護士報酬の支払いがなかった事例を取り上げています。【ケース18】は事件の進行についての報告が不足していた事例、【ケース19】は報酬の明確な約束をしないまま事件を処理してしまった事例、【ケース20】は依頼者の希望に沿った結果、報酬の支払いがなされなかった事例、【ケース21】は連絡が途絶えてしまった事例です。弁護士は依頼者から弁護士報酬の支払いを受けて活動している以上、弁護士報酬を取り損ねることは事務所の経営を危うくする一因となり得ます。

　弁護士報酬をもらううえで障害となるのは、弁護士の業務は成果が形として残りにくいという面があると思われます。そのため、依頼者からすると弁護士が何をしているかがわからないという部分がどうしても発生することから、成果を得られなかったときだけでなく、成果を得られたときであっても、その成果が弁護士の仕事によるものなのかについて認識できない場合があります。

　依頼者の属性によってはある程度は仕方がない面もあるとはいえ、弁護士としてはせっかく仕事をしたのにと心が折れることにもなります。

　結局、弁護士の仕事は形がないものであることから、依頼者からの信頼に基づいて報酬をもらうしかないということになるのでしょう。

　そのために必要なこととしては、①契約時の取決めとともに、②事件の進行経過をこまめに報告することが挙げられます。

　まず、報酬が支払われない原因としては、そもそも契約自体がなく成功報酬等の規定がない場合や、一応の契約はあるものの、何が

成功であるかを規定していない場合があります。このような場合では依頼者としても弁護士報酬の予測自体ができず、仕事が終了した時点で「弁護士報酬が想像よりも高い」という感覚を受けることがあるのでしょう。これについては、当初から成功報酬額を明確にしておくことで対応が可能ですし、仮に金額の確定ができない場合であっても報酬の算出方法の規定だけは十分に確認、合意をしておくべきでしょう。

　また、正式に契約をしていない場合、そもそも成功が何かわからないという事態が生じ得ます。事件が予想外の地点に着地してしまうこともあります。筆者も、受任していた離婚事件において結局よりが戻るという結論に落ち着いた事件が何件かありますが、成功報酬として離婚が成立したときとしか規定していなかったことから、報酬でもめたことがあります。

　そのため、報酬が発生する状況については、なるべく細かく想定して規定しておくべきでしょう。最終的に法的な解決を図らざるを得ない場合であっても、契約書の規定を明確にしておくことは重要です。紺屋の白袴にならないように注意してください。

　弁護士報酬が支払われない原因の2点目は、依頼者が弁護士の活動に納得をしていない場合です。この場合の「納得をしていない」というのは、結果に納得をしていない場合と、経過に納得をしていない場合があります。

　この点、結果に納得をしていない場合というのであっても、負けたこと自体に対して不満をもっている人は少なく、負けることについての説明が足りなかったことについて不満をもっていることが多

Ⅱ　業務上の失敗談

いと思われます。そういった意味で、弁護士の活動に不満がある場合と同じ構造であるといってよいでしょう。

　ですから、弁護士報酬の不払いを防止するための方法としては、こまめに報告をし、見通しを伝えることに尽きるでしょう。仮に負けたとしても「このまま行くと負ける」ことをきちんと伝えておくべきです。また、事件の進行経過についても逐一報告するべきです。依頼者は基本的に不安を抱えているものであることからすれば、連絡は多すぎても困ることはありません。連絡されすぎで怒る依頼者はほぼいないでしょうけれども、連絡が少なくて怒る依頼者はいるということです。

　なお、本人が支払う気がない場合は、どうあがいても支払われないということもあります。それを支払わせるには法的手続きをとらざるを得ないということにもなり得ます。連絡がつかなくなる場合などは、これに該当するでしょう。

　正直、こういったものは防ぐのが難しいといわざるを得ません。経営だけを考えれば支払われる可能性が低い事件については受任すべきではないのでしょう。もしくは着手金を受け取るまでは行動をしないというのも合理的であろうと思います。

　とはいうものの、弁護士の仕事の性質上受けざるを得ない事件もあるでしょう。そういった事件の損失も考えたうえで、事務所の経営を維持していく必要があるのではないかと思われます。

3　ミスをしてしまった

【ケース22】
ミスは隠さず、直ちに適切な対処をする

Profile
- 男性／開業 8 年目
- 地域タイプ：密集地（地方都市）
- 少人数の事務所

1．破産申立事件の増加と流れ作業化

　登録 5 年目頃、個人事業を営んでいたＡと、その妻Ｂの破産申立事件を受任しました。

　当時は破産申立事件が多く、月に数件は申立てをしていました。だんだんと流れ作業のようになっていき、事務的な準備は事務職員に委ねる部分が多くなってきていました。

　夫Ａについては事業者であるということで、管財事件となりました。妻ＢはＡの債務の一部について連帯保証をしていただけなので、同時廃止で終了しました。双方の事件ともに、特に問題はないと考えていました。

2．終了から約 3 年後…

　その約 3 年後、Ａの債権者であった地方の貸金業者Ｘから事務所に問い合わせがありました。Ｂの債務整理の進捗状況に関する問い合わせでした。Ｘは、Ａに対する貸付けについてＢが連帯保証をしていたので債権者であると

主張していました。保存していた記録を見ると、BについてはXが債権者一覧表に挙げられていませんでした。また、AとXとの消費貸借契約書などは見当たりませんでした。

記録と一緒に保存されていたメモを見ると、AおよびBから受任した直後に、当事務所からAについてXに受任通知したところ、Xから事務所に電話があり、Bが連帯保証をしているのでBについても受任通知が欲しいとの依頼があり、それに応じて、電話で対応した事務職員がBの受任通知をXにFAXで送信していたことがわかりました。

私と事務職員（破産申立書準備は上記電話を受けた事務職員とは別の者が担当していました）は、当初のA、Bからの聞き取りをもとにした債権者一覧表を作成して、破産申立てをしていました。この段階で、XがBの債権者でもあることについて情報共有ができていなかったことになります。

寛容な貸金業者であれば、Bがすでに破産手続をとっていることもあり、免責決定の写しを提供すればそれで請求をおさめるのかもしれませんが、Xは、Bに対する債権は免責の対象から漏れているとして支払いを求めてきました。

このような問題の折に、破産法の解釈についてはいろいろとあろうかと思います。BがXについて連帯保証をしていた認識がなく、私に伝えていなかったのも1つの原因です。しかし、事務所内のミスがなければこのようなことにはならなかったので、破産法の解釈を調べたり、Bに久しぶりに連絡をとって事情を説明したりすることは、大変気が重く感じました。

3．ミスは隠さず──弁護士賠償保険の請求

Xの主張する債権額は、遅延損害金を含めて100万円弱であり、事務所の余剰金で支払いができなくはありませんでした。その後の諸々の面倒な手続きを想像すると、自腹を切って早々に解決してしまいたい気も起きました。

しかし、預り金等に手をつけてしまう弁護士は、こうした自分のミスで発生した依頼者の損害の穴埋めをきっかけとすることが多いのだと聞いていました。自腹で穴埋めをするのは、そういった弁護士と同じような安易な考えではないかと思い、決意してBに説明をし、また、弁護士賠償保険の請求の連絡をしました。
　弁護士賠償保険については、当初、Xの請求している債務額全額について賠償保険金が支払われるのだろうと想像していましたが、実際はそうではないようでした。この保険の使用についてアドバイスをしているらしき東京の弁護士から電話があり、「再度の破産申立てにより裁量免責を得ることを試みてもらいたい。その費用、予納金などは保険金から支払われる。保険契約者（弁護士）には損害拡大防止義務があるので、保険金が安く済む方法があればそれをまず試みてもらいたい」という話がありました。
　なるほどもっともなことなのですが、再度の申立てをすれば、この情けないミスを裁判所に明らかにしてしまうことになります。信頼を失い、管財人の依頼が来なくなるのではないか等、不安に思いました。ここでも再び自腹を切ってしまう誘惑にかられたのですが、ぐっとこらえました。
　Bとの再度の破産申立ての準備は気が重かったのですが、Bも自分が連帯保証をしていたことを私に伝えなかったのは自分の落ち度だと考えてくれており、また、新たな財産形成もしていなかったので、スムーズに進みました。第三者の弁護士に再度の破産申立手続を依頼するのであればその着手金も保険金から支払われると説明を受けましたが、これ以上誰かに恥をさらすのは嫌だったので、自分で準備をしました。
　申立てを行い、7年以内の再度の免責を求めるものなので当然のように管財事件となりました。管財人にはよく知っている弁護士が選任されました。管財人からは同情されただけで、冷たい視線を浴びることはありませんでした。Xは破産手続きをとったことで請求を諦め、免責についても特に意見を述べませんでした。裁量免責の決定がされ、Bには何らの経済的負担もなく

事件は終了しました。

　裁判所からも特に信頼を失うことなく、その後も管財人を依頼されています。むしろ、この再度の手続きの中で裁判官と管財人を交えて破産法の解釈について議論をするなどして、よい交流の機会になりました。弁護士賠償保険は、自動車保険などと違って、使用したからといってその後の賠償保険の継続加入を断られたり、保険料が上がったりすることもありません。

4．教　訓

① 　記録はなるべく詳細にわたり保管しておくこと。過去の経緯がわからないと後にトラブルになったときに対応に苦慮することになります。
② 　仕事を事務職員任せにしない。事務職員同士の連絡ミスの防止に努めるべきです。
③ 　ミスを隠さない。ピンチのときの正直な対応は、逆に信頼を高めます。
④ 　弁護士賠償保険の使用を躊躇しない。保険金請求の手続きの中でアドバイスを受けることができることもあります。保険請求をしない場合も、1人で悩まず、周りの弁護士に相談をしましょう。

3 ミスをしてしまった

【ケース23】
第1審で勝訴しても気を抜かない

Profile
- 男性／登録6年目
- 地域タイプ：密集地

1．建物明渡訴訟の第1審で勝訴

　トラブルばかり起こしている賃借人との間の賃貸借契約を解除して賃借人に出ていってもらいたいという依頼があり、内容証明で賃貸借契約を解除する旨の通知を出した後、建物明渡訴訟を提起しました。

　無事に第1審で請求認容判決を得たものの、生活の居として利用している点、解除後も賃料は供託されており金銭的な損害がない点が考慮されたのか、仮執行宣言はつきませんでした。

2．仮執行宣言を求める付帯控訴を忘れた

　その後、こちらの勝訴判決に対して被告が控訴しました。こちらは請求が認容されていたので、付帯控訴はしませんでした。

　しかし、実際には、原判決には仮執行宣言が付されていなかったのですから、仮執行宣言を求める付帯控訴をする必要がありました。法廷で気づいたときにはすでに遅く、付帯控訴ができないまま、第2審も終結してしまい

した。

　結局、第2審で控訴は棄却されたものの、当然、仮執行ができるはずはありません。被告は上告までしたので、確定するまで強制執行ができなくなってしまいました。

3. 教　訓

　仮執行宣言がつくか微妙なケースではあったので、付帯控訴をしていたとしても結論が変わったかはわかりませんが、付帯控訴を忘れてしまったのは事実です。
　請求認容されたからといって浮かれていてはダメなのであり、「勝って兜の緒を締めよ」の典型的な事例となってしまいました。

3 ミスをしてしまった

【ケース24】
スケジュールはきちんと管理する

Profile
・男性／開業1年目
・地域タイプ：密集地

1. 独立前後の忙しい時期に支払督促の申立て

　翌年の1月に独立を予定していたところ、12月に個人事件として支払督促の依頼があり、支払督促申立てを行いました。

　裁判所から債務者への送達確認のはがきが来たのですが、債務者の事務職員が受領したため、そのはがきには「送達できたか確認してください」との記載がありました。

　そのような記載は初めて見たので記載の意味について確認しなければと思っていたところ、年末年始を挟み、1月からは独立したため、独立スタート時期の事務作業に忙殺され、その記載の意味を確認することを失念してしまいました。さらに、前事務所でのスケジューラーと新事務所のスケジューラーとの切替えの境で、異議申立期間や仮執行宣言申立期限がスケジューラーから漏れてしまっており、期限に気づくことができませんでした。

Ⅱ　業務上の失敗談

2．裁判所に連絡をしたところ…

　しばらくたって裁判所に連絡をしたところ、確かに「送達できたか確認してください」とはがきに書いたものの送達としては有効であり、異議申立期間を過ぎてから30日間を経過しているので、もう仮執行宣言申立てはできないと言われてしまいました。
　不変期間の徒過という初歩的なミスをしてしまい、懲戒されることが頭をよぎりましたが、すぐに依頼者に連絡して謝罪をしました。その結果、再度、仮執行宣言申立てをすることとなりましたが、当然、その際の印紙代（数十万円!!）はこちらで負担しました。
　幸いにして、再度の支払督促についても異議が出なかったため、あらためて仮執行宣言申立てをすることができ、懲戒という事態は避けることができました。

3．教　訓

　独立前後のスケジュール管理は、平素よりも徹底しなければなりません。独立前後の事務作業は膨大であり、頭からスコンと抜けてしまうということもあります。
　支払督促に対する仮執行宣言申立てのみならず、1回目の期日の答弁書出し忘れ、控訴期間の徒過など、遅れたら取り返しがつかないものについては、新事務所のスケジューラー、ToDoに必ず明記する必要があります。

3 ミスをしてしまった

【ケース㉕】
保釈金の返金日を把握する

Profile
- 男性／開業4年目
- 地域タイプ：密集地
- マチ弁

1．協力者に携帯電話の番号を教えたら…

　とある国選事件の被告人の友人Aが、「被告人を保釈してほしい」と言ってきました。Aは被告人唯一の協力者だったので、Aに携帯電話の番号を教えました。

　Aは深夜だろうと未明だろうと明け方だろうと電話をかけてくる人物で、当然そんな時間に私は寝ているのですが、「なんで電話に出ないんだ！」とクレームを入れられます。これを機に、私は依頼者に携帯電話の番号を教えるのを控えることにしました。

2．保釈金の返金スケジュールを把握していなかった

　Aが保釈金を工面して、私の預り口口座に入金したので、私はそれを引き出して裁判所へ納付し、被告人は無事保釈されました。その後、いろいろとありましたが、なんとか執行猶予判決を得て、事件終了となりました。

　あとは、保釈金を裁判所から銀行振込方式で受け取り、それをAに返す段

取りをつけるだけでした。

　私は当時、開業間もないこと、その件が初めての保釈だったということがあり、保釈金の返金スケジュールをよくわかっていませんでした。そこで、経験豊富な知り合いの事務職員に聞いたところ、返金は判決後1週間くらいで、裁判所から通知が来るというので、そのつもりでいました。当時は、預り口口座はあまり動かなかったので、通帳記入もしていませんでした。

3. 怒ったAからの連絡

　判決の2、3日後にAから電話がかかってきて「お前どうなっているんだ。保釈金を早く返せ！」と怒鳴ってきました。すぐに預り口口座を確認すると、確かに振り込まれていました。1週間とたたず保釈金が返ってくることもあるということは、その後聞きました。

　慌てて返金処理をしようとしたところ、1日の取引上限額を口座開設時に設定されている金額（確か150万円）のままにしていたので、一度に全額振り込むことができませんでした。そのため、手数料はこちらの負担で、150万円を自分の預り口口座から、残りを自分の個人口座から振り込みました。

　なお、Aは私が振込みの手続きをしている間に、弁護士会に苦情を入れたようなことを言っていました（弁護士会からの連絡はありませんでしたが…）。

4. 教　訓

　得られた教訓としては、携帯電話の番号をむやみに教えない（教える相手を選ぶ）ことのほかに、保釈金の返金が予定されるときは通帳記入をこまめに行うこと、の2つです。

　お金が絡むことは本当に注意が必要です。

まとめ

　本節は依頼者との対応でミスをしてしまった事例を紹介しています。【ケース22】は事務所内の意思疎通の不備によりミスが発生した事例、【ケース23】は必要な申立ての一部を行わなかったという事例、【ケース24】は期日を徒過してしまった事例、【ケース25】は金銭の返還が遅れた事例です。

　これらの事例は、懲戒には至らなかった事案ではあるものの、中には一歩間違えれば懲戒になってもおかしくなかった事例もあります。この点、懲戒事案については『自由と正義』（日本弁護士連合会）や懲戒事例集において確認することができますが、懲戒に至らなかった事案については、あまり他の弁護士に話すこともなく情報の共有ができていない状況にあります。そのため、同じようなミスを複数の事務所がしてしまっていると考えられることから、懲戒に至らないような事案の共有をすることが、本書を企画するに至った当初の理由でもあります。

　さて、【ケース22】が発生してしまった理由は、事務所内の意思疎通の不備にあります。近年は件数が減少していますが、債務整理においてはその作業の一部を事務職員が担当することが多く、またそれ以外の事件であっても、その作業の一部をイソ弁や他の弁護士が担当することがあります。その際に主担当の弁護士と一部を担当した者との間の意思疎通に齟齬が発生すると、今回の事例のように問題が発生する可能性があります。同ケースにも教訓が記載されておりますが、経営者弁護士としては最終確認だけでなく経過の確認もするべきでしょう。自己が雇用している事務職員や弁護士のミスは、そのまま経営者弁護士のミスとなります。

Ⅱ　業務上の失敗談

　また、【ケース24】の期日徒過も起こり得るうえに危険なミスでしょう。通常、弁護士が気にしているのは、控訴期間、抗告期間および消滅時効等でしょうが、それ以外にも、本件のような仮執行宣言や行政事件における異議申立て、入札等、期限が問題となる事案は多くあります。そして、期限が問題となる事案においては、期限を徒過してしまうとそれだけで手続きそのものが全く行えなくなってしまうことから、最も初歩的かつ最も避けるべきミスです。この点については、リマインダを設けることや、事務職員から期日の確認をしてもらう等、記憶ではなく外部からの通知のシステムを複数個作成しておくべきでしょう。

　なお、【ケース23】と【ケース24】は双方とも仮執行宣言に関するミスです。仮執行宣言については、訴状に定型文言のように付けていることから、あまり意識をせずに記載している人もいるかもしれません。しかしながら、訴訟とは最終的には執行によってその目的を達成する手続きであるところ、判決の確定前の段階であっても執行を行うことができるというのは、依頼者にとっては非常に大きな利益となります。そのため、訴訟だけでなく支払督促等についても、仮執行宣言の存在を失念するような事態は避けたいものです。

　【ケース25】は保釈金の返還日に関するものですが、保釈金に限らず金銭についてはその管理に細心の注意が必要です。横領のような事案は言語道断ですが、弁護士は他人の金銭を預かることも多いことから、金銭の管理については厳格に行わなければなりません。それは依頼者の金銭であっても、それ以外の金銭であっても同様です。仮にそれ以外の部分についてきちんと仕事をしていたとしても、

お金に絡む部分がルーズである弁護士は、最終的には依頼者の信用を得ることは困難ですし、一歩間違えば懲戒を受けるような事態にもなりかねません。

　最終的にすべての事例に共通していえるのは、ミスをしてしまった場合にそのミスを隠そうとしてはいけないということでしょう。速やかにミスを依頼者に報告し、謝罪とともに今後行うことを明確に伝えることが必要です。

　仮にミスを隠そうとすると、依頼者に対し虚偽を告げることになり、その矛盾点を説明するためにまた虚偽を告げ…と問題が悪化していくことが予想されるうえ、どんどんリカバリーがきかない状態に陥っていきます。

　やはり、ミスはミスと認めたうえで速やかに対応するのが、ミスを犯してしまった場合の一番の対策でしょう。また、ミスを犯してしまった場合に備えて、弁護士賠償保険への加入は必須でしょう。

　弁護士といっても人間である以上、弁護士を続けていくうえで、全くミスをしないということはおよそ考え難いことといえます。ミスをしたときにいかにリカバリーを図ることができるかが、弁護士を長く続けていくうえで重要です。

Ⅱ 業務上の失敗談

【ケース26】
訴訟とはいかなるものかの理解を得られるか

Profile
- 男性／登録13年目
- 地域タイプ：密集地
- 弁護士数2人

4 依頼者との信頼関係を損ねた

1．技術論争に持ち込みたがる依頼者

　専門訴訟で依頼者（原告）はその分野の専門家であり、裁判でも技術論争に持ち込んでいきたがりました。債務不履行構成なので、当然相手にはいかなる債務があるか、そしてその債務が履行されていないという事実は依頼者が立証していかなければならないのですが、そこで技術論に入っていってしまいます。

2．依頼者の理解が得られないまま進行

　技術論になると裁判所は判断できないので、却下判決となる可能性が出てきてしまい、本来は勝ち筋の事件であっても足をすくわれてしまいます。
　この点を説明しましたが、熱くなっている依頼者は聞き入れてくれず、むしろ私が相手の味方をしているかのような対応になってしまいました。
　共同代理だったため、もう1人の弁護士がいるのですが、1人で勝手に辞めるわけにもいかないので、そのまましばらく代理人を継続しました。

その後も、技術論はマイナスになりかねず、裁判官は技術がわからないから、専門委員や専門家の意見に流されるかもしれない、というリスクも説明しましたが、なかなか聞き入れてもらえませんでした。
　そのうえ、裁判官を説得するということと相手当事者を懲らしめることは同じだ、という理解のまま進行してしまいました。

3. 教　訓

　こちらが説明しても聞き入れず、「訴訟とはどういうものか」ということになじめない依頼者は一定数存在します。
　裁判所は白黒つけて相手を懲らしめてくれるものだ、という考えから離れられない依頼者には、弁護士の「説明」が「説得」に受け取られ、相手の味方と言われかねない事態となります。
　上記の件では、最終的には信頼関係が壊れたと判断したため辞任しました。弁護士の場合は辞任という選択肢がありますが、辞任しかないという事態はできれば避けたいものです。

Ⅱ　業務上の失敗談

4　依頼者との信頼関係を損ねた

【ケース27】
依頼者との恋愛トラブルにならないために

Profile
・男性／登録5年目
・地域タイプ：密集地
・個人事務所

1．依頼者との恋愛トラブル

　弁護士は、たとえどんな相手であれ、相談者や依頼者に対して交際を申し込んだり、恋愛感情を（もってしまったとしても）伝えたりするようなことは、通常はしないでしょう。それは、弁護士法により品位保持義務（31条）が定められていること、または社会人としての職業倫理上当然の要請と考えられます。相談者は悩みを抱えて弁護士のもとを訪れているわけですから、恋愛対象として見られてうれしいはずはありませんし、そのようなことをしてはいけないということは、どんな弁護士にとっても基本的認識であると思われます。

　しかしながら、弁護士業務をしている中では、望まずして依頼者との恋愛トラブルになりかねない事態が起こり得ます。私の経験上または他の弁護士から聞くものとしては、依頼者から好意をもたれ事件に関する打合せ以外での食事や外出を求められる、必要以上に弁護士との面談を求める、携帯電話の番号を教えてくれと言われるなどが挙げられます。依頼者と食事に行くということ自体に問題があるわけではありませんが、受任している事件の種類、

進捗状況はもちろん、利用する店の種類、時間帯、支払方法など、後々のトラブルを避けるためには、慎重な行動をとる必要があります。このような心配から、異性の依頼者とは、事件の打合せ以外では一切会わないと割り切るのも1つの方法でしょう。

2．以前恋愛関係にあった人からの依頼

　意外と盲点であるのが、以前恋愛関係にあった人からの依頼の場合です。以前恋愛関係にあった人から弁護士業務の依頼を受けるというのは、弁護士側からは、当該依頼者はもしかしたらまだ自分に好意をもっているのではないか、と勘違いするかもしれませんが、仕事に関しては割り切って私情を挟まないようにする必要があります。

　また、仮に、依頼者が現実に弁護士に好意を抱いていたとしても、事件受任中はもちろん、事件終了後も、私情は挟まないようにする必要があります。

3．依頼者から交際を申し込まれた際の対処法

　万が一、依頼者から交際を申し込まれるようなことがあれば、別の代理人への変更を促すことが検討されてもよいでしょう。

　というのも、もし事件が終了した後に、特別な関係に至ったとしても、必ずしもそのような関係が永久にうまくいくとは限りませんので、弁護士としての品位が問われるリスクがあります。私の経験では、もしこのような依頼者から依頼を受けた場合には、別の弁護士の紹介が可能か否かを判断し、紹介が可能であれば別の弁護士を紹介する、または、依頼者には、私情を挟まないように誓約書を書いてもらい、自分自身も業務上は私情を挟まないように行動をとる必要があると思います。

　本節では依頼者との関係性に関する事例を紹介しています。【ケース26】は「訴訟」というシステムについて依頼者の理解を得ることができなかったがゆえに信頼関係を損なってしまったという事例であり、【ケース27】は依頼者との関係性に関する事例です。

　依頼者との信頼関係が必要という部分については他の節においても述べていますが、訴訟の進行についても依頼者との信頼関係が必要です。

　依頼者が「訴訟」に抱いているイメージとして多いのが、訴訟は「正義」を示してくれる場であったり、「相手を懲らしめてくれる」場であるという認識でしょう。特に感情的な問題が絡む訴訟においては、そのような認識の依頼者は珍しくありません。

　対して、弁護士の訴訟に対する認識は「権利が認められるか否かを判断する場所」であり「問題解決のための手段」であることが多いでしょう。したがって、この部分で依頼者と弁護士との間には認識の相違が発生しやすいといえます。

　また、訴訟においては主張するべき事由と主張するべきでない事由が存在し、弁護士は依頼者から聞き取った事実関係のうち、依頼者の主張を基礎付ける部分の事実を抽出して裁判所に提出し、依頼者に不利益な事実については提出するか否かも含めて検討します。依頼者の感情的な部分についても、全く出さないということはないものの、裁判上に出すことによって発生する利益と不利益を天びんにかけ（少なくとも単に感情的な部分をそのまま出しても裁判上利益になることは少ないでしょう）、その提出方法についても戦略的に考えるものです。

しかしながら、依頼者が自分の正しさを確信しており、かつ自分の主張を裁判所に伝えることを強固に希望するタイプである場合、訴訟戦略上はその主張をすることは依頼者自身にとって不利益であるにもかかわらず、自らの主張を裁判上主張してほしいと強く希望する場合があります。

　そのような場合に、依頼者の希望に沿ってそのまま主張を出す弁護士も散見されますが、弁護士はプロフェッショナルであり、依頼者の利益を最大化することが仕事である以上、依頼者に対しても理由とともに「そのような主張をすることはあなたにとって不利益である」旨を告げ、翻意を促すべきでしょう。なお、かかる助言にもかかわらず、依頼者が自らの主張を掲載することを強く希望する場合は、弁護士としては、不利益であることを強く依頼者に（可能であれば形に残して）告知し、そのうえで裁判所に当該主張を提出するか、依頼者の利益を守れない以上辞任をするという選択肢をとることになるでしょう。

　【ケース27】は依頼者との関係性に関する事例です。依頼者と恋愛関係になる事案はあまりないでしょうが、弁護士の懲戒事由の中には依頼者に対して過度のアプローチをしたことを原因とするものも存在しています。また、聞き及ぶところによると、元依頼者と弁護士が結婚した事案も何件か存在するようです。

　このような事案の是非については置いておくとして、弁護士といえども人間である以上、依頼者に対して何らかの感情を抱くこともあれば、依頼者から何らかの感情を抱かれることもあるでしょう。特に弁護士は、依頼者が困っているときにその味方になり、時には

依頼者の盾として活動することもあることから、依頼者から特別な感情を抱かれることがないとはいえません。

　その感情自体は非ではなく、かつ依頼者の方からアプローチがなされた場合にまですべて拒絶するべきであるかについては検討の余地があるでしょうが、あくまで弁護士は職務の一環として依頼者の盾になっていることを自覚しておくべきでしょう。また、依頼者と感情的に一体化することは、仕事の面でいえば必ずしもよい結果を招かないといえます。

　なお、弁護士の方から依頼者に対しアプローチをかけるようなことは、トラブル防止の面からも慎むべきです。そんな弁護士はほとんどいないと思いますが…。

経営上の失敗談

1 お金がない 仕事はあるのに

【ケース28】
報酬基準等を再検討する

Profile
・男性／開業10年目
・地域タイプ：密集地

1．報酬管理と事務所運営

　本当にこれにつきます。法律事務所は、依頼者から報酬をいただくのが基本です。法律扶助や法テラスからの報酬もありますが、それについても依頼者からいただいているということができるでしょう。

　かなり前は、普通に仕事をしていたら、収入はついてくるといわれていたかもしれません。これはもはや過去のことか、気のせい、といったもので、きちんと考えて事務所を運営しないと大変なことになります。

　伝統的には、顧問料収入と事件の着手金、報酬金が法律事務所の主たる収入でしょう。理想は顧問料収入で事務所の固定費（賃料、人件費等）が賄えるようにすることでしょうが、私はそのような状況になったことがありません。また、報酬基準どおりに払いたがらない依頼者も少なくありません。

　自分の仕事が依頼者にどれだけ価値があるのか、それゆえどれだけ請求できるかは、きちんと意識すべきです。もちろん、きちんと支払われているか、その管理も大切です。

Ⅲ 経営上の失敗談

2．ありがちな失敗

　弁護士にありがちな失敗は、仕事が多数あるのに現金がなくなる、ということです。

　これは、着手金と報酬金で弁護士費用を計算している事務所に時々起こりうることです。事件が予想していたよりも長期間にわたることになり、報酬金が見込めるけれども支払時期が予測できない、そういった状況です。

　対策としては、事務所運営資金をしっかり蓄えておくことや、報酬基準は自由化されているのだから、報酬基準を作業量に見合った内容に改正する等があるでしょう。

　難しい事件を多数抱えていると、手が回らないために新たな事件を受任することができず、かといって難しい事件が終了しないので報酬金も当分入らず、そのために収入が途絶えてしまう、こういった事態が発生しないとも限りません。

3．解決策

（1）個別の法律相談料

　顧問会社では、個別の法律相談料を請求しない扱いにしている場合も少なくないでしょう。この場合、いただいている顧問料が業務に見合うかどうかも、検討すべきです。時間制を採用してもらうか、時には、顧問料自体は大幅に引き下げて、法律相談料を別途いただく方式もあるでしょう。

（2）イソ弁、ノキ弁の活用

　法律事務所にとって、依頼者からの事件をきちんと受け止めることができる、というのが最低限の信用を得る手法の1つといえます。

　しかし、ボス弁が難事件にかかりきりになって、顧問先への細かい対応が

できない、ということが発生することもあります。その際に、思い切ってイソ弁、ノキ弁を雇い、彼らに細かい事件を任せてしまう、という手法もあります。彼らには、彼らにかかるコスト程度の事件を担当してもらえれば、全体として損はしません。

(3) 諸経費について

必要な費用はあらかじめ分けて準備しておきましょう。人件費や税金等、あらかじめ売上げから取り分けておくとよいでしょう。きちんと帳簿で管理しておくことも大切です。

(4) コスト意識をもつ

これらのことを実施するためには、自分の法律事務所にどれだけコストが必要か、その試算をしておくことが大切です。事務所運営に1か月でどの程度の額が必要かがわかれば、どの程度売上げが必要かもわかります。弁護士費用の請求に対する姿勢も、かけた時間に対する売上げを意識することでおのずと変わっていきます。

4．教　訓

「貧すれば鈍する」といわれます。弁護士費用ばかりを気にする依頼者も少なくありません。しかし、自分の仕事のクオリティに対する対価は堂々と請求すべきであり、むやみに安売りすべきではありません。きちんと報酬を請求して、しっかり事務所運営を行う。これは、将来の自分の依頼者のためでもあるのです。

Ⅲ　経営上の失敗談

1 お金がない　仕事はあるのに

【ケース29】
ノキ弁時代とは仕事のスタイルを変える

Profile
- 男性／開業4年目
- 地域タイプ：密集地
- マチ弁

1．ノキ弁時代の仕事スタイル

　私は、開業前はノキ弁をしていました。ノキ弁時代は主に法テラスにおける法律相談や、法テラスの依頼者から紹介された案件を主な仕事としていました。法テラスの依頼者から紹介を受けた案件はたいてい法テラスの援助基準を満たすことから、受任事件のかなりの割合が法テラスの法律扶助案件で占められていました。

　加えて、法テラスの法律相談担当に欠員が出た場合には法律相談担当を引き受けたり、法テラスのスタッフ弁護士が地方のスタッフ事務所に派遣される場合には担当事件の一部を引き継いだりしていました。

　法テラスの法律扶助案件はきわめて単価が低いものの、件数を受ければそれなりの売上げは確保できることから、ノキ弁時代は大量の事件を受任することで売上げを確保していました。そのため、同時に抱える事件数が100件を超えていた時期もありました。

　その後、事務所を開設しましたが、開設にあたっては、同程度の売上げが続くことを前提としてランニングコストを設定しました。

2．独立後も同じスタイルを続けたが…

　事務所開設後3か月ほどは、開業前と同様に法テラスの案件を中心に受任していました。

　しかしながら、能力のすべてを業務遂行に費やすことができたノキ弁時代と異なり、開業後は経営や営業、事務に関する事項にとられる時間が増加し（事務職員は雇用していましたが、それでも事務作業量そのものは増加しました）、純粋に業務に使える時間が減少しました。

　その結果、ノキ弁時代ほど大量の事件を処理することが困難となり、対応可能な事件数が減少し、売上げの減少を招くことになりました。また、業務に使うことができる時間が減少したことから、事件の滞留を招くことになり、私自身の信用の低下も招くことになりました。

　対応可能な事件数が減少したとはいえ、事務所の維持自体はギリギリ可能な程度ではありました。ただ、逆にいえば、限界に近い時間まで仕事をしても事務所を維持するのが精一杯の状態であったことから、薄利多売の限界を感じ、開業4か月目から法テラス相談担当を原則として断ることにしました。

3．教　訓

　自分の仕事がほとんどない状態から開業するのであればともかく、自分の仕事をある程度抱えて開業する場合、開業後はイソ弁・ノキ弁時代と比較して純粋に仕事に使える時間は減ることから、開業前と同量の仕事ができるかどうかは考えた方がよいと思われます。

　加えて、薄利多売という経営スタイルは経費を抑えない限り事件数の激増を招くことになり、事件の滞留の発生、個々の事件に使うことができる時間の減少、心身ともに疲弊する等弊害が大きいことから、薄利多売経営は基本的に避けるべき経営方針であると思います。

Ⅲ　経営上の失敗談

　なお、薄利多売経営であっても、経費を低く抑えている場合もしくは複数人の勤務弁護士を採用し大量に事件の処理を担当させるスタイルであれば十分に事務所経営は可能であることから、薄利多売経営を考えている場合にはどちらかのスタイルにすることが必要であると思います。

まとめ

本節では、仕事があることが必ずしも事務所の経営継続を保証するものではないという事例を紹介しました。【ケース28】は報酬体系を原因として、【ケース29】は単価の低さを原因として金銭の不足が起きた事例です。

法律事務所を経営するにあたっては、依頼者から弁護士報酬を受け取ることによって経営を成り立たせているところがほとんどでしょう。そのため、依頼が来なければ法律事務所を維持することが困難であるという理屈はわかりやすいですし、納得も得やすいと思います。

しかしながら、仮に一定程度の仕事が来ていたとしても、結果として事務所経営は危うくなることがあるというのが、本節の事案からの教訓です。

通常の事業活動でも同じですが、労働を実際に提供した時期と、入金がなされる時期にはずれがあります。タイムフィーによる計算をしている事務所の場合はそれほどのずれではないのでしょうが、着手金・報酬金型の事務所においては、事件に着手した後、解決までに時間がかかってしまった場合、その間に全く入金がないという状態が続きます。

通常は複数案件を同時並行的に進行させることによって、着手金と報酬金を継続的に回し、事務所を維持するわけですが、難事件を抱えた場合や、一定数以上の事件を同時に抱えてしまった場合には、現状抱えている事件を解決するために新規受任を制限せざるを得ないという状態が生じます。

しかし、新規受任を制限してしまうと、当然ながら着手金が入ら

Ⅲ 経営上の失敗談

なくなり、かつ事件の解決も見込めないとすると、いわば仕事はあるが収入はないという状態に陥ります。このような状況は仕事がない状況に比べればよほどマシではないかと思われがちですが、決してそうではありません。仕事がない状態は、時間があるのでその他のことや営業を行うことが可能なのですが、仕事で手一杯である限り他の収入を得ようとする行動自体がとれず、収入を確保することが全くできなくなるためです。

　このような状態に陥ることを避けるためには、①仕事量と収入が直結する形にしておくか、②何か月か収入がなくても事務所を維持できる現金を蓄えておく必要があるでしょう。①については、タイムフィーで報酬を計算するという方法のほかにも、一定期間を経過した場合には追加の報酬を受領する旨を定めておく等の方法が考えられます。

　また、【ケース29】に現れているように、仕事はあればよいというわけではなく、費用対効果として「事務所が維持できる状態」になければなりません。この点、開業初期段階においていきなり単価の高い事件が来るということはあまりなく、どうしても薄利多売に陥りがちです。

　しかしながら、薄利多売経営は、長時間労働と結びつきやすくなります。労働集約的な要素が高い弁護士業務において薄利多売によってある程度の売上げを確保するためには、相当高度な事務作業能力がない限り長時間労働するしかないからです。

　そして、事務所を維持するためには最低限の売上げが必要であるところ、薄利多売経営は売上げの限界が来やすいことから、多くの

件数をこなしつつも経費を抑えるといった工夫が必要となります。ここで経費がかかる体制にしてしまうと、長時間労働をしつつもそのほとんどが経費で消えてしまい、仕事があるのに収入はないという事態に陥りかねません。そのような事態を避けるためには、経費を可能な限り抑えておく必要があるでしょう。

　本節から得られる教訓としては、事務所を経営するにあたっては、単に仕事をたくさん受ければいいというわけではなく、自らの事務所を維持するとともに自己の収入を確保するために、どのような態様でどの程度の収入を得るかを考える必要があるということでしょう。

III 経営上の失敗談

2 無駄なコストを使ってしまった

【ケース30】開業当初は経費を抑える

Profile
・男性／開業4年目
・地域タイプ：密集地
・マチ弁

1. 開業前の予算設定

　開業前の段階においてある程度以上の個人売上げがあったことから、開業後の売上げについても同程度以上が確保できることを前提として事務所の開業費用およびランニングコストを計算しました。そのため、同時期に開業した友人たちに比べて、開業費用およびランニングコストが高額となっていました。

2. 実際に開業したところ…

　しかしながら、開業後はそれまでの薄利多売経営に限界を感じたことから、開業4か月目以降は法テラス関係の事件については原則としてかかわらないようにすることとしました。
　このような対応の結果、売上げが6〜7割減少し、ランニングコストを高額に設定してしまっていたことから、毎月赤字が出るようになってしまいました。

加えて、開業の前年は売上げがある程度あったことから、開業年度の税金は所得税の予定納税、住民税、事業税、消費税等のいずれも高額となり、赤字とあわせて毎月預金通帳からかなりの金額が減少していくという事態が生じてしまいました。

3. 教　訓

　もちろん開業前には売上予測を立てるのですが、開業後にいかなる状況に陥るかは不明であること、および開業当初は税金が高額になっている場合が多いことから、少なくとも開業段階においてはランニングコストを抑えておき、仕事が軌道に乗ってから順次拡大していくというのが合理的でしょう。

　また、ランニングコストを抑えることについては純粋に内部の事情なので自助努力のみで可能ですが、売上げについては外的要因が絡むことから、そのような意味でも自らでコントロール可能なランニングコストについては、開業当初は抑える方がよいと思います。

　いや、本当に毎月100万円とか貯金が減っていくと精神的によくありません…。

Ⅲ 経営上の失敗談

2 無駄なコストを使ってしまった

【ケース31】
預り金の管理方法はあらかじめ決める

Profile
- 女性／登録9年目
- 地域タイプ：過疎地
- 弁護士数2人、事務職員数2人

1．預り金の管理方法

　開業当初は、預り金の依頼者ごとの内訳について、紙媒体で事件記録にファイリングして管理していました。預り金口座も開設していましたが、そこに複数の依頼者の預り金をすべて入金していました。依頼者ごとに預り金口座を作成する弁護士の話も聞いていましたが、そうすると口座通帳の管理が一元化できないため預り金口座は1つにしていました。

2．預り金口座通帳の残高が、どの依頼者の預り金の合計額なのかがわからない

　上記の方法は、預り金管理として通例ではありますが、預り金口座通帳の残高を見ても、依頼者ごとの預り金の内訳がすぐにはわからず、管理に不安が生じました。そのため、表計算ソフトで急いでデータ化しましたが、その際に事件ごとの預り金管理帳を確認したところ、計算結果の誤りが各所で見つかり、紙媒体での管理の限界を痛感しました。

現在は、預り金管理のためのパソコン上のファイルで、依頼者ごとの預り金の合計および内訳を一覧でき、かつ、通帳残高との一致も確認できるようにしたことから、依頼者から預り金の合計および内訳の書面通知を要求されれば、直ちに回答可能な状態となりました。

3．教　訓

　預り金の管理方法については、あらかじめ整理し、決めておくとよいでしょう。依頼者ごとに口座を作成する方法もありますが、1つの口座に集約し、その代わりパソコン上でのデータ管理によって預り金総額、依頼者ごとの内訳および合計額をデータ抽出し確認する方法もあります。
　要は、依頼者から預り金について問い合わせがあれば直ちに回答できる体制をつくっておくことが必要でした。

Ⅲ 経営上の失敗談

2 無駄なコストを使ってしまった

【ケース32】
無駄なものは購入しない

Profile
・女性／登録9年目
・地域タイプ：過疎地
・弁護士数2人、
　事務職員数2人

1．弁護士事務所用経理ソフトの購入

　開業にあたり、弁護士事務所用経理ソフトを慌てて購入しました。しかし、事務局の不正防止のためにも事務所内で経理事務を完結するのではなく、税理士事務所への記帳事務代行をお願いした方がよいとのアドバイスを受けて、その経理ソフトの使用を中止しました。そのためソフト購入費用が無駄になってしまいました。

2．教　訓

　経理事務の流れをどのようにするか、あらかじめ熟考しておくことが必要です。

まとめ

本節では、経費・コストに関する失敗事例を紹介しています。【ケース30】は経費に関する事例であり、【ケース31】は手間を惜しんだがゆえに逆に労力を要した事例、【ケース32】は余計な支出をしてしまった事例です。

事務所を経営するということは、どうしてもお金の問題から逃げられなくなることを意味します。もちろん、多額の売上げがあればお金の問題に頭を悩ませる必要はありませんが、業界の現状からするとそのような状態に至れる事務所はごく一部でしょう。加えて、弁護士の収入はスポット的な収入が多く、継続的な収入のみで事務所を維持している事務所はそれほどないことからしても、たとえ現在は安定した収入があるとしても、それが将来の収入を意味しないという問題点があります。

通常、事務所を経営する際には、どうしても売上げに意識がいきがちです。もちろん、売上げを増加させる努力は必須ですし、今後、弁護士が増加していくことや、業界の経済規模自体は平成20年をピークとして減少していることからすれば、何も対策をとらなければ淘汰されてしまう可能性も十分にあり得ます。しかしながら、依頼が来るかどうかについてはどうしても外的要因に左右されるものであることから、そのすべてをコントロールすることは不可能です。

対して、支出（経費）の面については、完全に自分でコントロールをすることが可能です。そして、「売上げ＞経費＋税金＋生活費」であれば事務所を維持しつつ生活することが可能であることから、売上げを伸ばすことも経費を削減することも、事務所の維持という面ではほぼ同じ意味をもちます（実際には売上げが伸びると税金が上

Ⅲ 経営上の失敗談

がることおよび高い売上げを維持することには困難が伴うことから、経費を削減する方が容易かつ効果的です)。

　そういった意味で、経費については実際の売上げよりもかなりの余裕をもって設定しておくのがよいでしょう。そうしないと【ケース30】のように、当初の予定どおりの売上げが立たなかっただけで容易に経営が赤字化するという事態が生じます。

　また、【ケース31】と【ケース32】のように、当初手間を惜しんだがゆえに余計なコストが生じてしまう場合もあれば、必要になると考えたものの結局は不要であったという場合もあり得ます。この部分については、その時点では支出が必要または不要と考えた理由があることも多く、また、本当に必要な支出についてはいずれは必要となる以上、結果として無駄になったとしても不適当であったかどうかについては判断が難しい点もあります。

　結局のところ、現在の事務所の経営状態を考えたうえで、その経費を支出することが可能であるか、および支出した場合の具体的な効用を検討し、支出するか否かを考えざるを得ないのではないかと思います。なお、不必要な支出に関し、広告宣伝費に過剰な支出をした結果、使用した広告宣伝費を全く回収することができず、結果として事務所の経営が傾いたという事案もあることから、経費の支出についてはその抽象的な必要性ではなく、具体的な必要性をしっかりと計算したうえで行うべきでしょう。

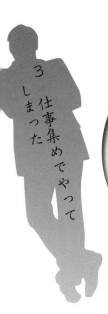

3 仕事集めでやってしまった

【ケース33】
仕事のルートを「紹介」に変える

Profile
- 男性／開業4年目
- 地域タイプ：密集地
- マチ弁

1. 仕事のルートを変更

　事務所を開設して数か月が経過し、それまで主要な仕事供給源であった法テラスを切り捨てた状態となり、事務所としては新たな仕事のルートを確保する必要が出てきました。

　仕事のルートとしては大きく分けて、①紹介によるものと、②広く一般に訴えるものがあります。この2つに対するアプローチの方法は異なるため、どちらを重視するかによって広告活動が異なることになります（もっとも、この2つは必ずしも相反するものではありませんが…）。

　私としては主に紹介を中心としようと考えました。理由としては、当事務所の立地および仕事の内容を考えると、広く一般に対してアプローチする方法は難しいと考えたためです。

2. 紹介元をどこにするか

　紹介を中心とするとしても、紹介元としてはさまざまなところが考えられ

Ⅲ　経営上の失敗談

ます（依頼者、経営者、同業者、他士業、保険会社…）。この中でもどこからの紹介を中心とするかによって、そのアピール方法は変わると考えました。そのうえで、開業して間もない弁護士としては、そんなに悠長に構えていられないという事情もありました（紹介が来るまでに数年もかかるようであれば事務所がもちません）。そこで、紹介中心でありつつ比較的短期間で仕事を獲得する方法はないかと考えてみました。

　この点、弁護士とは最終的にはトラブルバスターである以上、トラブル・相談ごとが集中するところに営業をかけるのが効率がよい（はず）です。この観点からすると、最も効率のよい営業先は同業者となります。しかしながら、同業者が激増している現状からすると、今後は同業者であっても必ずしも他人に仕事を回す余裕はないかもしれません。

　となると、その次にトラブル・相談ごとが集中するのは、町の法律相談所となっている税理士、司法書士の方々になります。加えて、この方々は会社との付き合いも多いことから（顧問弁護士がいない会社は数あれど、顧問税理士がいない会社は考えにくいでしょう）、彼らとパイプができれば単独の経営者と知り合うよりも効率的に紹介を受けられるのではないかと考えました。

　そこで、私の営業活動は、他士業の先生に対して中心に行うこととしました。

3．実際の営業活動として

　とはいっても他士業の先生に知り合いなどいないことから、自分が知り合えるところから始めようと思い、Facebook上で開催されているものをはじめとして、さまざまな場所で開かれている士業交流会・経営者交流会に、週に1～2回のペースで片っ端から参加してみました。なお、その際には全員と名刺を交換しようとするのではなく（どうせ覚えられません）、面白そうな数人の人と長く話をすることに傾注しました。そういった活動でも、1年も

積極的に交流会に参加すれば他士業の知り合いが500人を突破し、知り合いの数でいえばかなりのものになりました。

その後、知り合った他士業の先生方とはFacebook等でつながりを保ち、少なくとも忘れられるようなことはない状態にしていきました。

4．知り合いは増えたものの…

しかし、結果としてそれほど順調に仕事が来ることはなく、むしろ同業者から仕事が来ることが多い状態が続きました。この原因としては、通常、交流会に来るような若い税理士、司法書士は、私たちが仕事が欲しくて交流会に参加しているのと同様に、現在仕事がないから交流会に参加をしているのであり、その時点では人に回すような仕事はほとんどないことが挙げられます。

加えて、私に何十人、何百人の税理士・司法書士の知り合いがいるように、彼らにも多数の弁護士の知り合いがいるのであり、その中から相談相手に選ばれるためにはそれなりの何かが必要となるのでしょう。

もちろん、この人脈は数年後、十数年後には役に立つものかもしれませんが、少なくとも即効性のあるものではありませんでした。

なお、同業者からの仕事の紹介が多かったのは、私がある意味わかりやすいマチ弁だったからだろうと思います。若手で開業している面々は比較的専門性を打ち出している人間が多いことから、その人たちが担当しない部分を埋める形での需要があったのでしょう。

5．教　訓

現在でも紹介先としての着眼点そのものは悪くなかったと思っていますが、営業先として自分と同程度のキャリアの他士業を中心とした場合、「相互

Ⅲ 経営上の失敗談

に仕事がない」という状況に陥りがちであることがわかりました。営業相手が「仕事をもっている」相手でなければ、そもそも仕事の紹介のしようがないわけです。

　加えて、弁護士が急激に増加している現状からすると、交流会に積極的に顔を出す弁護士は今後も増えていくものと考えられます。とすれば、単に知り合いになった程度で仕事が回ってくることは考えられず、その人から仕事の紹介を受けることができる何かが必要となるでしょう。その何かは人によって異なるでしょうが、専門性であったり、速いレスポンスであったり、人柄だったりするのでしょう。

　また、仕事の紹介を受けるためには、まずはこちらから積極的に仕事を紹介する必要もあるでしょう。専門家同士、仕事の付き合いが主になるのですから、仕事上の付き合いがある人に仕事を回すことになるのが道理だと思います。

　開業から数年を経過した現在においては、紹介のみによる事務所運営もある程度問題なく回るようになってはきましたが、開業当初から紹介のみを中心とした業務を行おうとするのであれば、開業前から積極的に交流の場に顔を出し、開業前の時点で仕事のやり取りをする関係になっている必要があるのではないかと考えます。

Ⅳ 開業時の失敗談

1 インフラ関係での失敗

【ケース34】
物件は詳細を確認してから決める

Profile
- 女性／開業2年目
- 地域タイプ：密集地
- 弁護士数1人、事務職員数2人

1. 事務所の物件選び

　開業に際しては、じっくり機が熟するのを待ち、万全の準備をするのがよいことはいうまでもありませんが、実際には「諸般の事情」により急な開業を強いられることもままあるかと思います。

　その場合、事務所の物件選びも「事務所の属性（規模は？　自分の得意分野は？　自分のキャラクターは？　想定される客層は？　今後の成長可能性は？　など）、裁判所へのアクセスの善しあしなどを勘案し、いい物件が見つかったら開業しよう」ではなく、「いついつまでに物件を決めなきゃ！」という前のめりの姿勢で臨まなくてはならないことになり、私の失敗もそういった期限ありきの物件選びが原因でした。

2. 天井工事が必要に！

　物件そのものは、場所もよく、耐震補強等の設備もよく、賃料・管理費等のランニングコストもお得で不満はありませんでした。しかし、内装につい

Ⅳ　開業時の失敗談

て自分で手配した内装業者と打ち合わせて図面をつくったところ、天井の空調と照明の位置（元から物件に付いているもの）を少し変更しなくてはならなくなりました。ビルオーナーにその旨連絡すると、天井工事については私が依頼した業者ではなくビル出入りの工事業者にやらせてほしい、とのこと。

　それは賃貸借契約時に聞いていたことなのでよいとして、問題はその工事費用でした。「空調や照明を移動するなんて右から左へちょちょいでしょう」という素人（私）の予測は外れ、耐震補強により天井裏は太い梁が縦横に通っていたため、空調の移動をするのに天井裏で実に複雑な配管をしなければならないことが発覚しました。話を聞くと確かにそれ以外にやりようがなく、しかしその費用は一瞬立ちくらみがするような金額で、費用は大幅に想定を上回ることになりました。すでにほかの物件を探す時間的・精神的余裕もなく、そのまま契約しました。そしてもうおわかりだと思いますが、退去時には原状回復費用がかかるのです。

3. 教　訓

　オーナーも業者さんも悪いわけではなく、単にこちらの知識不足が原因なのでどうしようもないのですが、契約交渉時に、「これこれの部分の変更はビル出入りの業者に発注すること」という条件を見ただけでは、実際の費用のイメージが湧かないことも、初心者にはあるかと思います。それでも弁護士か、そんな間抜けはお前だけだと言われそうですが、皆様お気を付けください…。

1 インフラ関係での失敗

【ケース35】
必要なインフラは事前に把握する

Profile
・男性／開業1年目
・地方都市中心部
・弁護士数5人

1．事務所開業前に予算を設定

　登録5年目ほどで、事務所を開業しました。開業後の予算はもちろん、開業時のイニシャルコストについても予算を設定し、準備を進めていきました。

2．実際に開業準備を進めていくと…

　しかし、結果として、予算を大幅に超過してしまいました。私の場合、イニシャルコストで予算から漏れていた主なものは、下記のとおりです。

（1）内装関連

　主に、電気工事費や防災設備費が予想以上にかかってしまいました。予定していた部屋割りだと、照明が暗かったり、煙感知器などの防災設備を増設しなくてはならなかったりしたため、予想外に費用がかかりました。

Ⅳ　開業時の失敗談

（2）諸手続関連

　例えば、就業規則作成や給与計算を社会保険労務士にお願いするための費用や、その他の手続費用が意外とかかってしまいました。また、事務所を法人化するにあたっての登記費用、定款認証にかかる費用などもありました。法人化するにあたっては、弁護士会に支払う入会金も必要となります。

（3）備品関連

　開業後に必要と気づき、購入した備品も多くありました。例えば、電気ポット、シュレッダー、穴あけパンチなどの備品は、意外と高く、これだけで10万円くらいが飛んでしまいました。

3．教　訓

　上記のような費用については、事前に予算計上をしっかりしておく必要があります。
　具体的には、必要なもののリストを作成すること、そして、事務用品を扱う通信販売会社のカタログなどで大体の価格を調べておくべきだったと思います。

1 インフラ関係での失敗

【ケース36】
開業までにインフラ等の準備を間に合わせる

Profile
・男性／開業10年目
・地域タイプ：密集地

1. 事務所設立へのドタバタ

　期でいえば、もはや若手とはいわれなくなりつつありますが、何らかのお役に立てれば、ということで反省と自戒を込めつつ、経験談を紹介します。

（1）開業を決めた経緯

　私は、弁護士登録をして3年間、いわゆるイソ弁を経験し、その後独立しました。当時としても独立は早い方です。今振り返ってみると、他の選択肢があったとは思いますが、独立したこと自体を後悔はしていません。

　当時、イソ弁を辞めるにあたって、次にどうするかを悩みはしました。独立して自分の事務所をつくるか、ほかの事務所で勤務弁護士として働くか、この2つの選択肢の間で気持ちが揺れていた、と記憶しています。イソ弁として私を扱ってくれる弁護士を探しつつ、自分の事務所をつくることも考え、結局、独立することにしました。

　当時は多少の貯金があったので、借入れをしなくても済んだことは幸いでした。

Ⅳ　開業時の失敗談

(2) 開業にあたって
① まず、詳しそうな人を探す

　ところが、事務所をつくろうにも最初に何をすべきかわかりません。

　こういうときに頼もしいのは友だちです。「法律事務所をつくりたい」。「詳しい友人（業者）を知らないか」。何人かに聞けばいくつかの課題は解消できます。その中で、いろいろ話を聞き、予算等の都合が合う業者等がいればお願いしたらいいのです。コツは、いろいろなつながりをもっていそうな人に、「詳しい（詳しそうな）人を紹介してください」と聞いていくことです。

② つくりたい事務所イメージをもつ

　当時の反省と今ならわかることをあわせていうと、法律事務所をつくるうえで大切なのは、「どういう事務所にしたいのか」「どういう事務所をつくりたいのか」です。自分が描く法律事務所像がなければ、どのような事務所をつくるのかが決まりません。

　簡単につくろうとすれば、ワンルームマンションに電話とファックスを置き、テーブルと椅子を置けば事務所にはなります。書籍等の資料は図書館に行けばいいし、いざとなったら詳しい人に聞けば足ります。費用がない、今すぐ事務所をつくりたいというのなら、まずはこういうスタイルだってあるのです。

③ イメージにあわせて物件を選ぶ

　自分がつくりたい事務所があるのなら、そのスタイルにあわせて事務所もつくり上げるべきです。

　どのような依頼者層にしたいか、自分から出かけていく事務所にしたいのか、依頼者に来ていただく事務所にするのかなどに応じて広さも場所も変わります。必要な設備も変わっていきます。

　依頼者層として高齢者などが考えられる場合には、階段でなければ上がれ

ない事務所、というのはデメリットになるかもしれません。また、法律事務所ばかりが入っているビル、というのも善しあしでしょう。

　弁護士としての仕事のスタイルで、裁判所に近い方がいいのか、むしろ依頼者に近い方がいいのかも変わってきます。不動産の賃料は、場所が少し変わると大きく変わります。

　最近ではあまり現実的とはいえませんが、賃貸にするか購入するかも考える必要があります。購入すると将来、事務所の規模を変更するのが難しくなり、また、事務所ごと賃貸してしまうという方法もあるので、悩みどころになるかはわかりませんが、選択肢としてはあるでしょう。

　自分がつくりたい事務所像にあわせて、広さ、場所などはおのずと決まってくるでしょう。まずは、どこに事務所をつくるかを決めるべきです。

④　内装を決める

　内装は、空調の場所や電源がどこにあるかなど、具体的な事務所の物件が決まらないと検討ができません。窓の位置が内装に影響することもあり得ます。

　内装を決めるにあたっては、弁護士のスペースをどうするか、打合せスペースをどうするか、スタッフスペースをどうするかなど、考えることが多数あります。

　法律事務所として必要な機能を果たすための内装というものの特殊性もあると思います。弁護士には、依頼者の秘密を守ることが求められ、安心して打合せができる個室が必要という考え方もあります。しかし、個室をつくるとかなりの費用がかかります。事務所全体として秘密を守るということが必要ですが、スタッフにも依頼者の話が聞こえている方が都合のよい場合もあります。そのように考え、個室をあえてつくらない事務所設計もあり得ます。これも、「どういう事務所にしたいのか」「どういう事務所をつくりたいのか」によります。そのような希望を内装設計業者によく把握してもらう必要もあります。内装設計についても、十分に打合せをして出てきた案を何度も検討

する必要があり、これにも時間がかかります。

　さらに、設計が決まり、必要な什器・備品が確定した後も、時間がかかります。全部の什器の在庫を業者はもっていないので、取り寄せにはそれぞれ時間がかかります。私が事務所をつくったときは、取り寄せが完了するのに1か月くらいはかかったと思います。

2．急いで独立した結果

　私の場合、最後まで独立するかどうかを悩んでいたこともあり、事務所を開いた初日は、なんとか電話は通じるようになっていたという状態でした。そもそも、電話工事が間に合わない、と聞いていたのを無理矢理なんとかしてもらったというのが実際で、床に電話が転がって段ボールが積み重なっている、という状態でした。

　また、イソ弁時代の事務所のすぐそばに事務所をつくったため、自分で荷物を運べると油断したこともあり、事務所を出る約束の日に荷物の運び出しが完了していない、という失態ぶりでした。1人で全部なんとかしようと思っていたのが失敗の原因だったと思います。

　一方で、私は、弁護士登録前後から、少しでも必要だと感じた書籍は購入していて蔵書は少なからずあり、また、イソ弁のときに起案で必要になった本は事務所にあるものでも自分で購入していました。そのため、つくりたての事務所でも、蔵書がなく、そのため書類作成にも困る、という状態ではなかったのが救いでした。

3．教　訓

　同じような失敗をしないためには、法律事務所をつくるには時間がかかる、ということを念頭に置いて行動をするべきです。不動産賃貸、内装設計、什

器搬入・設置で数か月かかることもあります。スケジュールには余裕をもっておくことが必要です。もし借入れ等が必要であれば、賃貸するまでには応分の現金が必要でしょうし、金融機関の審査はかなりの日数が必要です。それらの日数も考えなければならず、早め早めの行動が必要です。

　加えて、もし即独をするなら、登録をするときには少なくとも事務所を決めておかなければならないので、それまでに賃貸契約等を済ませておく必要があり、そういったスケジュールをあらかじめ立てておかなければなりません。

　イソ弁から独立して事務所をつくるならば、ある日突然独立する、というわけにはいかないということはおわかりでしょう。ボスにいつ相談（報告）するのかも考えて行動しなければなりません。弁護士の世界は広くて狭いものです。準備を始めると、うわさが立ち、ボスの耳に入ることもあります。そのようなとき、ボスはいい気分はしないはずです。むやみにトラブルを増やすことはありません。

　情報収集をきちんと行い、想像力を働かせて準備を怠らないことが大切です。

4. 最後に

　自分の法律事務所をつくるのは大変です。弁護士としての仕事に加えて経営者としての仕事もあり、スタッフを抱えた場合にはボスとしての仕事もあります。自分の時間は大幅に少なくなるはずです。収入の点でも、おそらくは、実質的にはイソ弁の方がよいと思います。

　それでも、自分の依頼者の将来を一緒につくっている、という実感がもてるのは何ごとにも代え難いでしょう。そのような実感を味わいたいと欲すれば、自分の事務所をつくるのもお勧めです。

　その際、私がしたような失敗をしないで済むことを願います。

Ⅳ 開業時の失敗談

1 インフラ関係での失敗

【ケース37】
内装に必要以上の経費をかけない ☝

Profile
- 男性／開業4年目
- 地域タイプ：密集地
- マチ弁

　私がしてしまった事務所内装に関する失敗は大きく分けて、①開業時点において内装が完成していなかった、②内装にお金をかけすぎた、③事務職員との距離をあけすぎた、の3点です。以下、順に紹介します。

1．事務所内装の失敗①──開業時点で内装が未完成

　私の事務所は平成23年4月1日の開業を予定していました。内装工事の発注がギリギリになってしまったこともあり、内装工事は3月後半（20日～25日の間）に予定されていました。

　しかしながら、平成23年3月11日に東日本大震災が発生しました。私の事務所地は直接的な被害はほとんどなかったものの、内装業者の倉庫が壊滅的な被害を受け、当初予定していた内装一式の納品時期が全く未定となってしまいました。そのため、開業日においては、事務所にあるのは床に直接置いたパソコンと電話だけという状態であり、私と事務職員は床に座布団を敷いて座って執務をしているという状態でした。

　その後1か月ほどかけて徐々に内装が納品されたのですが、内装が未完成

な状態では依頼者を事務所に呼ぶこともできず、事務所があるにもかかわらず打合せはすべて外で行うという状況にありました（もっとも、依頼者にはわりと喜ばれたので、訪問弁護士というスタイルも極めればありかもしれません）。

　私の場合は東日本大震災という特殊な原因がありますが、内装業者等に予想外の出来事が起これば工期が遅れることはあり得るため、事務所の開設にあたっては余裕をもった日程を組むことが必要でしょう。

2．事務所内装の失敗②――内装にお金をかけすぎた

　開業の準備を始めた当初は、貯金があったことや内装も営業の一部と考えていたことから、内装にはかなり力を入れました。

　ただ、依頼者から見えない部分については中古品等を用いて費用を抑えることが十分に可能であったにもかかわらず、内装業者のトークに負け、ほとんどすべての物品を新品でそろえたことから必要以上に費用をかけてしまいました。本当にそれが必要かどうかはよく考えるべきだと思います。

　加えて、私の当初の依頼者層に対しては、気合を入れた内装自体がアピールになるどころか、むしろマイナスに働くことがある（気後れする等）ことも後に判明しました。最近は依頼者層も変わってきたことからそのような評価を聞くことも減りましたが、それでもなお、開業当初の段階で内装にこだわる必要はあまりないと思います。

　なお、内装に関しては、エアコンの送風口が1か所しかない場合、空気の流れの誘導を考えないと、事務所の一部のみ快適で、事務所の一部にはエアコンの空気が全く届かないという状態が生じてしまうので注意が必要です。私の事務所の場合、打合せ室に最も効率よくエアコンの空気が流れるような設計にしたところ、私の執務スペースには暖房も冷房も全く流れてこなくなってしまいました。改善のためにサーキュレーターを導入するも焼け石に

水で、私の執務スペースだけ夏用に扇風機、冬用にファンヒーターが設置されています。

3．事務所内装の失敗③――事務職員との距離をあけすぎた

　最後に事務所の配置ですが、私の事務所は、事務職員・イソ弁・ノキ弁の机が1つの島となっており、私の執務スペースだけ少し離れたところにあります。この配置は集中して仕事を行うためには都合のよいところもあるのですが、事務職員に何かを依頼するたびに事務職員にこちらに移動してもらう、もしくは自分が事務職員のもとに移動する必要があり、あまり効率的とはいえません。そのため、小規模事務所においては、事務職員と弁護士の執務スペースの距離はあまり離さない方がよいと思います。

　それに、一緒の島に座っていると非常に仲良くなるので、事務職員・イソ弁・ノキ弁が楽しそうに話をしているのを遠くから眺めているのがさびしいということもあります。

まとめ

　本節では、事務所を開設するにあたってのインフラ関係における失敗談を紹介しています。【ケース34】は契約した物件の内装工事に想定以上の費用がかかった事例、【ケース35】は開業にあたり予定していた予算に漏れがあった事例、【ケース36】は開業までにインフラの準備が間に合わなかった事例、【ケース37】はインフラが過剰であったという事例です。

　インフラ周りの失敗事例については、その原因は基本的に、①時間が足りないか、②知識が足りないか、③その両方かです。当然のことですが、事務所を開設するには準備の時間がかかり、また、どのようなものが必要であり、あるいは不要であるのかについての知識が必要となります。

　まず、事務所の開設についてよく起こる事態としては、「時間が足りない」というものでしょう。開業準備期間が十分にとれており、かつ熟慮が可能である場合はともかく、やむを得ない事由により開業をするような場合はそもそも時間がないことが多く、また、仮にそれなりの準備期間がある場合であっても、通常は現在の仕事をこなしつつの開業準備となることから、結局は時間に追われがちです。

　しかしながら、時間の見積りを誤ると、場合によっては開業時点において事務所が事務所の体をなしていないという状態に陥りかねません。【ケース36】と【ケース37】はそういった事例ですし、恥ずかしながら筆者の事務所も開業時点においては、パソコンと電話しかないような状態でした。

　このような事態を避けるためには、開業日までのスケジュール感を把握して開業の準備を行う必要があります。特に、電話回線につ

Ⅳ 開業時の失敗談

いては、申込みから実際の開通まで1か月近くかかることも多く、開業直前に物件の契約をしたのでは間に合わないことが多いでしょう。通常、開業日については明確に決まっていることが多いことから、開業日から逆算し、遅くともいつまでには物件を決定し、電話回線等を申し込み、内装業者との打合せを終了させる必要があるかについては、抽象的なものではなく、具体的な予定として立てておくべきでしょう。

また、他のあらゆる仕事と同じく、事務所の開設についても予定どおりには進まないものです。したがって、スケジュールについてはぎりぎりのものではなく、余裕をもったものにしておくべきでしょう。

もっとも、事務所開設にあたり知識がない場合、正確な（もしくは余裕をもった）スケジュールを立てることは困難です。事務所開設のために行うべきことを正確に理解していないのであれば、スケジュールを立てることができません。

そのため、事務所を開設するにあたっては、何を行う必要があるのかについての知識が必要となります。

そのような知識を手に入れる方法としては、すでに開業している同業者複数人に対し、開業のためにはどのような手続きが必要であり、どこにアクセスすればよく、どの程度の時間がかかったかということについてヒアリングを行うことが有効でしょう。このようなヒアリングの最中に、自分の希望する内装と近い内装を使用している事務所があれば、その事務所の内装工事を行った業者等を教えてもらうこともできます。

しかしながら、個人の経験をもとにした場合、どうしても個々人では体験していない事実も出てきます。その部分を埋めるためには、書籍を参考にするのも有効でしょう。現在では、弁護士の開業に関する書籍は複数冊存在しており、それらの書籍を参考にすれば不足する部分についても補うことが可能でしょう。

　なお、書籍とヒアリングではヒアリングの方を重視すべきであると考えています。書籍はどうしても多数に向けた内容になることから、細かい部分については書ききれないことがあり、加えて発刊された時点で情報の更新ができなくなることから、時間がたてばたつほど現状との乖離が激しくなっていくためです。特に最近では開業費用の低コスト化が進んでいます。

　なお、設備が不足した場合だけでなく、過剰設備についても知識不足が原因である（必要性を見誤っている）ことからしても、開業にあたっては十分に情報を集める必要があるでしょう。

Ⅳ 開業時の失敗談

2 そのほか

【ケース38】
開業する土地について十分にリサーチする

Profile
- 男性／開業3年目
- 地域タイプ：密集地（地方都市）
- 家族経営

1. 駐車場を借りずに開業

　私が開業した当時、JR駅近くにあった大型商業施設が撤退したばかりで、その近くの物件が非常に安くなっていました。そこで、その近辺の事務所を借りて開業することに決めました。

　その際、事務所の賃料は下がっていた一方で、駅の近場で駐車場の需要が高いために駐車場の賃料は高止まりしたままであり、またコインパーキング等も周囲に数か所あるので、来客用の駐車場は借りずにコインパーキングを利用してもらおうと考えました。

　しかし、後々この考えが甘かったことを思い知ることになります。

2. 開業地の「土地柄」

　私が開業した群馬県という土地は、県民の1世帯当たりの自家乗用車保有台数で全国首位を争うほどの自動車王国で、近くのコンビニへ行くのにも車を使って行くようなところです。実際、私自身の扱う事件も自動車事故に関

するものが多くあります。そのような土地柄ですから、たとえ駅に近くても、相談者は車で来ることがほとんどであり、相談の予約の電話でも「駐車場はどこにありますか」と必ず質問されます。

　仕方なく、多少割高ではあっても相談者の利便のために必要であると考え、事務所の近くの駐車場を借りることにしました。

3. 教　訓

　本件失敗の原因は、その土地の実情等に関するリサーチ不足という点にあるのではないかと考えます。例えば、本件のような状況以外にも、労働事件の相談が多いのであれば、通常の開業時間帯には働いていて抜けられない人も多いため、夜遅い時間や土日にも相談を受け付ける等の工夫は必要になると思います。

　相談者はどのような人が多いのか、どのようなニーズが多いのか、事前に調べることには限界があるでしょうが、同じ単位会の先輩に聞いてみる、他業種の人と会話する機会をつくって聞いてみる、ということは大事ではないかと思います。

Ⅳ 開業時の失敗談

【ケース39】弁護士会の登録換えは時期に気を付ける

Profile
- 男性／登録4年目
- 地域タイプ：密集地
- 弁護士数1人

1. 開業時の弁護士会への登録①──紹介会員の確保

当たり前すぎますが、開業地がイソ弁時代とは違う地裁管轄である場合、登録換えをする必要があります。私の場合、開業地は地元ではあったものの、修習地でもないため、直接知っている弁護士がおらず、紹介会員を探す必要がありました。

私は、忙しさにかまけて開業地を決めた後に紹介会員を探し始めました。ロースクールの実務家教員や研修所の教官から紹介会員を紹介してもらうということでなんとかなるだろうと楽観的でしたが、縁もゆかりもない開業地の場合、紹介会員が見つかるとは限りません。

開業候補地を決める前に、最低限、紹介会員が見つかるかどうかを確認した方がよいでしょう。

2. 開業時の弁護士会への登録②──委員会

委員会は後述のリーガルサービス（国選弁護や当番弁護の待機や各種法律

相談の担当）と違い、登録換え後、約1か月で選任されます。
　登録換えをする前に所属していた弁護士会と同じ委員会（複数）に入ったら、同じ日に開催されて、どちらかにしか出席できない場合もあります。

3．開業時の弁護士会への登録③──リーガルサービス

　登録換えが年度途中だと、当該年度のリーガルサービスが割り当てられません。また、翌年度の割当て希望を出すのは、（弁護士会によって異なりますが、私の所属する弁護士会は）11月くらいなので、そのときまでに登録換えを済ませないと、翌年度全くリーガルサービスが割り当てられないという事態に陥るので、よく確認する必要があります。

Ⅳ　開業時の失敗談

2 そのほか

【ケース40】
事務所の成立年月日は月初めにする

Profile
・男性／開業1年目
・地方都市中心部
・弁護士数5人

1．会社成立年月日を月末にした結果…

　登録5年目ほどで、自分の法律事務所を開業しました。その際、登記簿上の会社成立年月日を、特に何も考えずに月末にしてしまい、その月の弁護士会費を全額徴収されてしまいました。弁護士会費には、「日割り」という概念はないため、成立日は月初めにした方がよいと思います。

2．教　訓

　会社成立年月日は、登記申請日が基準となります。このことをきちんと理解せず、急いで登記申請をしてもらったため、このような問題が起きました。司法書士は弁護士会費の発生時期については当然知らないので、弁護士側で注意すべきでしょう。

まとめ

　本節では、開業時の失敗に関する事例を紹介しています。【ケース38】はリサーチ不足を原因として余計な支出が必要となった事例であり、【ケース39】は登録時期等に関するものであり、【ケース40】は弁護士会費に関するものです。

　法律事務所を開設する際には、物件そのものに対して意識が向きがちです。しかしながら、事務所を経営していくうえでは、事務所物件そのものよりも周辺の状況の方がはるかに重要です。周辺の状況とは、紹介事例のように設備に関するものもあれば、文化に関するもの、人口に関するものや経済圏に関するもの等多彩です。

　弁護士の仕事は地縁的な要素が強いことから、開業場所および周辺の環境の選別はきわめて重要な要素となります。そして、事務所に求められる設備についても、その開業場所の環境が影響します。また、依頼者層によっても事務所の設備や営業時間等を工夫する必要があるでしょう。

　事務所周辺の環境を把握するために、まず開業予定地の周辺を自分の足で回ってみるのは必須だと思います。電車で駅に降り立っただけや車で移動するだけではわからないことが、自分の足で歩くことで判明することもあります。なお、開業予定場所を自分の足で歩くことによって、事務所物件としてふさわしい建物を発見することができることもあるので、その点でも開業予定地を自分の足で見て回ることは有効だと思います。

　それ以外の方法としては、すでにその地域で開業している同業者の話を聞く方法があります。当然のことながら、その地域においてすでに開業している同業者は、その地域の特性や必要なものを認識

Ⅳ 開業時の失敗談

しているためです。従前その地域において開業した弁護士がいない場合はその手段を使うことはできませんが、現状、全く弁護士がいない地域は少なくなっていることからすれば、誰の意見も聞くことができないという事態は少なくなっていくと思われます。また、仮に弁護士が開業していない土地であっても、他士業の方々の話を聞くことでヒントが得られることがあるかもしれません。

【ケース39】は登録時期に関するものです。開業や職場移転に伴い、弁護士会を変更することがあり得ますが、東京弁護士会等一部の弁護士会を除き、弁護士会に登録する際には推薦者が必要になるため、特に地縁のない地域に移る場合には、推薦者の確保をしておかないと登録が遅れるということになりがちです。

加えて、より重要なのは、弁護士会の法律相談担当等の登録については、単位会によっては年に1回しか行われていないことです。この時期を逃して登録をしてしまうと、場合によっては1年以上弁護士会主催の法律相談等の担当ができないという事態に陥ります。この事態は特に地盤のない若年層にとっては致命的になりかねないため、注意が必要です。登録換えを検討し始めた時点で、登録予定の弁護士会のスケジュールを確認しておくべきでしょう。

結局のところ、開業時点におけるミスについては、知識不足・リサーチ不足が主な原因です。経験者等の話や書籍等を参考に、十分な知識を身に付けたうえで開業をするようにしましょう。

●編著者プロフィール

北　周士（きた・かねひと）

2005年司法試験合格、2006年中央大学法学部法律学科卒業、2007年弁護士登録、2007～2011年都内弁護士事務所に勤務。2011年4月「きた法律事務所」を開設。主な著書に、『弁護士　独立のすすめ』第一法規（編著、2013年）、『証拠収集実務マニュアル　改訂版』ぎょうせい（共著、2009年）、『民事弁護ガイドブック』ぎょうせい（共著、2011年）、『改訂版　交通事故実務マニュアル　民事交通事故処理』ぎょうせい（共著、2012年）、『全訂　刑事弁護マニュアル』ぎょうせい（共著、2012年）、『Q&Aでわかる民事執行の実務』日本法令（共著、2013年）、『実践訴訟戦術―弁護士はみんな悩んでいる』民事法研究会（共著、2014年）、『ガイドブック民事保全の実務』創耕舎（共著、2014年）がある。

サービス・インフォメーション
──────────────── 通話無料 ────
① 商品に関するご照会・お申込みのご依頼
　　TEL 0120（203）694／FAX 0120（302）640
② ご住所・ご名義等各種変更のご連絡
　　TEL 0120（203）696／FAX 0120（202）974
③ 請求・お支払いに関するご照会・ご要望
　　TEL 0120（203）695／FAX 0120（202）973

●フリーダイヤル（TEL）の受付時間は、土・日・祝日を除く9：00～17：30です。
●FAXは24時間受け付けておりますので、あわせてご利用ください。

弁護士　転ばぬ先の経営失敗談

平成27年3月5日　　初版発行
平成28年12月20日　　第2刷発行

編　著　　北　　周士
発行者　　田　中　英　弥
発行所　　第一法規株式会社
　　　　　〒107-8560　東京都港区南青山2-11-17
　　　　　ホームページ　http://www.daiichihoki.co.jp/

弁護士経営　ISBN978-4-474-02994-1　C2034　(2)

© 2015 Kanehito Kita. Printed in Japan